論

한 번 써 봤수?

동양고전한번써보기시리즈 · 01

筆寫를 익히면 **智慧**가 읽힌다

語

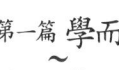

第一篇 學而
~
第七篇 術而

동양고전 한번 써보기 시리즈·01

論語 한번 써 봤수?·상
筆寫를 익히면 智慧가 읽힌다

초판 제1쇄 인쇄일 2019년 10월 22일
초판 제1쇄 발행일 2019년 11월 06일

지은이 공자
옮긴이 편집부
발행인 김영훈
인쇄 제본 한국소문사

발행처 생각굽기
출판등록번호 제 2018-000070호
출판등록 2018년 11월 30일
주소 (07993) 서울 양천구 목동로 230 103동 201호
대표전화 02-2653-5387
팩스 02-6455-5787
이메일 kbyh33@naver.com

파본은 본사나 구입하신 서점에서 교환하여 드립니다.
이 책의 내용은 저작권법의 보호를 받는 저작물이므로 무단 전제와 무단 복제를 금합니다.
ISBN 979-11-968168-0-3

이 도서의 국립중앙도서관 출판예정도서목록(CIP)은 서지정보유통지원시스템 홈페이지(http://seoji.nl.go.kr)와 국가자료종합목록 구축시스템(http://kolis-net.nl.go.kr)에서 이용하실 수 있습니다.(CIP제어번호 : CIP2019040512)

동양고전한번써보기시리즈 · 01

論語 한번 써 봤수?
筆寫를 익히면 智慧가 읽힌다
상

생각기 THINK ROASTING

상

第一篇
學而 (학이) · 11

第二篇
爲政 (위정) · 31

第三篇
八佾 (팔일) · 55

第四篇
里仁 (이인) · 82

第五篇
公冶長 (공야장) · 102

第六篇
雍也 (옹야) · 134

第七篇
術而 (술이) · 164

중

第八篇
泰佰(태백)

第九篇
子罕(자한)

第十篇
鄕黨(향당)

第十一篇
先進(선진)

第十二篇
顔淵(안연)

第十三篇
子路(자로)

하

第十四篇
憲問(헌문)

第十五篇
衛靈公(위령공)

第十六篇
季氏(계씨)

第十七篇
陽貨(양화)

第十八篇
微子(미자)

第十九篇
子張(자장)

第二十篇
堯曰(요왈)

筆寫를 익히면 智慧가 읽힌다

다시 동양문명의 시대

　근대 들어 서구의 과학기술과 자본, 그리고 민주주의라는 가치 체계의 유입은 잠들어 있던 동양에 물질적 풍요와 정치체제의 변화를 가져다주었다. 그러나 효율과 이성, 합리를 앞세우는 서양문명의 이식은 오히려 탐욕만 좇는 황금만능주의와 극심한 빈부격차, 도덕적 해이, 가족의 붕괴와 해체, 계층 간 첨예한 사회적 갈등, 자연의 착취로 인한 생태계 교란과 환경파괴 등 사회경제적 모순들을 심화시켰다.

　이런 부정적 영향은 갈수록 깊고 넓게 확대 재생산되고 있기에, 과연 서양문명이 지구촌 공동체의 장밋빛 미래를 담보해 줄 최선의 제도와 가치인가에 대해선 오래전부터 의구심을 품어 왔고, 서양문명이 득세하는 동안 한 쪽으로 밀려 천대 받아오던 동양의 정신문명은 이제 우리가 직면한 모순과 위기를 극복해낼 새로운 대안으로 떠오르고 있다. 동양의 현자들이 파악한 자연과 인간에 대한 예리한 통찰력에서 피어난 심오한 사상의 틀 속에서 그 길을 찾아야 한다는 주장과 기운이 팽배하다.

　'논어'는 동양 고전에서 가장 널리 읽히고 알려진 공자의 가르침을 담은 서물이다. 기원전 6세기 경 노나라에 살던 공자(B.C. 551 ~ B.C. 479)라는 인물이 그를 따르던 제자와 그리고 당시의 위정자들과의 사이에서 서로 묻고 답한 것과, 공자의 문인들끼리 서로 더불어 토론한 뒤 스승인 공자에게 직접 물어 들은 말들의 모음집이다. 논어는 이후 동양인의 정신세계와 삶을 규정 짖는데 지대한 영향을 끼쳤다.

하루에 10분 들여 1장씩 쓰기

筆 붓 필, 寫 베낄 사. 필사筆寫는 그대로 똑같이 베껴 쓰는 행위이다. 베낀다는 행위는 새롭게 창조하는 것이 아니라 원본을 보고 그대로 따라 써보는 것이다. 그러므로 필사를 한다는 것은 누군가의 글을 그대로 옮겨 적는 행위이다.

필사는 지극히 개인적인 행위이다. 자신이 베껴 써보고자 하는 문장을 직접 붓을 쥐고 써보는 과정에서 글이 주는 의미와 감동을 느끼고, 자연스럽게 몰입과 집중의 힘을 습득하며, 마음의 안정과 더불어 배움의 효과도 얻는다.

필사는 깊이 있는 독서효과이다. 종이에 닿는 예민한 붓의 촉감을 손끝으로 느끼며 천천히 한 글자 한 글자씩 써보는 아날로그적 행위는, 글쓴이와의 교감을 이루게 하는 촉매 역할을 하여 마음 속에 화자의 가르침을 새기게 만든다.

인공지능과 로봇, 5G, 드론, 자율주행 등으로 회자되는 디지털 4차 산업혁명의 거대한 파도가 물밀듯이 덮쳐오는 이때, 한가롭게 먹물 찍은 붓을 들고 이천오백년 전의 케케묵은 옛 고전을 베껴 쓴다는 게 참으로 시대감각과 동떨어진 어리석은 행위로 비쳐질 수도 있겠다. 하지만 수천 년 전의 현자의 말씀 속에서 오늘의 우리가 살펴봐야 할 소중한 가르침은 여전히 유효하게 짙게 배어있다. 그 가르침은 한자라는 언어 속에 깊이 함장되어 있음을 알기에 필히 읽고 반드시 써봐야 하는 것이다.

필사를 익히면 지혜가 읽힌다.

孔子 공자
이름: 丘(구)
자: 仲尼(중니)
B.C. 551 ~ B.C. 479

논어에 등장하는 제자들

顏回 안회
성: 顏(안) 이름: 回(회)
자: 顏淵(안연)
노나라. 30살 연하.

子貢 자공
성: 端木(단목) 이름: 賜(사) 자: 子貢(자공)
위나라. 31살 연하.

子路 자로
성: 仲(중) 이름: 由(유)
자: 子路(자로)
변(산동). 9살 연하.

冉伯牛 염백우
성: 冉(염) 이름: 耕(경)
자: 伯牛(백우)
노나라.

冉雍 염옹
성: 冉(염) 이름: 雍(옹)
자: 仲弓(중궁)
노나라. 29살 연하.

冉有 염유
성: 冉(염) 이름: 求(구)
자: 冉有(염유)
노나라.

*曾子

曾參 증삼
성: 曾(증) 이름: 參(삼)
자: 子輿(자여)
노나라. 46살 연하.

南宮适 남궁괄 **南容** 남용
성: 南宮(남궁) 이름: 适(괄) 자: 南容(남용)
조카사위.

公冶長 공야장
성: 公冶(공야) 이름: 長(장) 자: 子長(자장)
공자의 사위.

巫馬施 무마시 **巫馬期** 무마기
성: 巫馬(무마) 이름: 施(시) 자: 子期(자기)
진나라. 30살 연하.

子張 자장
성: 顓孫(전손) 이름: 師(사) 자: 子張(자장)
진나라. 48살 연하.

子夏 자하
성: 卜(복) 이름: 商(상)
자: 子夏(자하)
위나라. 44살 연하.

司馬牛 사마우
성: 司馬(사마) 이름: 犂(리) 자: 子牛(자우)
송나라.

子賤 자천
성: 宓(복) 이름: 不齊(부제) 자: 子賤(자천)노나라. 49살 연하.

高柴 고시 **子羔** 자고
성: 高(고) 이름: 柴(시)
자: 子羔(자고)

孔鯉 공리
성: 孔(공) 이름: 鯉(리)
자: 伯魚(백어)
공자의 아들

子思 자사
성: 孔(공) 이름: 伋(급)
자: 子思(자사)
공자의 손자

* 中庸(중용)의 저자

*有子

閔子騫 민자건
성: 閔(민) 이름: 損(손)
자: 子騫(자건)
노나라. 15살 연하.

有若 유약
성: 有(유) 이름: 若(약)
자: 子有(자유) 노나라.
33살 연하.

漆雕開 칠조개
성: 漆雕(칠조) 이름: 開(개) 자: 子若(자약)
노나라. 11살 연하.

曾晳 증석
성: 曾(증) 이름: 點(점)
자: 子晳(자석) 노나라.
증삼(증자)의 아버지.

顔路 안로
성: 顔(안) 이름: 無由(무유) 자: 由(유)
안회의 아버지. 6살 연하.

原思 원사 原憲 원헌
성: 原(원) 이름: 憲(헌)
자: 子思(자사)
노나라. 36살 연하.

公西華 공서화
성: 公西(공서) 이름: 赤(적) 자: 子華(자화)
42살 연하.

樊遲 번지
성: 樊(번) 이름: 須(수)
자: 子遲(자지)
노나라. 36살 연하.

子游 자유
성: 言(언) 이름: 偃(언)
자: 子游(자유)
오나라. 46살 연하.

澹臺滅明 담대멸명
성: 澹臺(담대) 이름: 滅明(멸명) 자: 子羽(자우)
노나라. 39살 연하.

宰我 재아 宰予 재여
성: 宰(재) 이름: 予(여)
자: 宰我(재아)
노나라.

林放 임방
성: 林(임) 이름: 放(방)
자: 子立(자립)
노나라.

陳亢 진항 子禽 자금
성: 陳(진) 이름: 亢(항)
자: 子禽(자금)
진나라. 40살 연하.

申棖 신정
성: 申(신) 이름: 棖(정)
자: 周(주)
노나라.

第一篇 學而

여백 채우기

소나무가
'늘' 푸르른 것은
원래 푸른 게 아니라

낡은 것은 떨구고...

'부단히' 새로움으로 채우는 수고로움을 행하기 때문이다...

學而 01

子曰 學而時習之 不亦說乎
자왈 학이시습지 불역열호

有朋自遠方來 不亦樂乎
유붕자원방래 불역락호

人不知而不慍 不亦君子乎
인부지이불온 불역군자호

子曰 공자께서 말씀하셨다. "學而時習之(학이시습지) 배우고 때에 맞춰 익히니 不亦說乎(불역열호) 또한 기쁘지 아니한가? 有朋自遠方來(유붕자원방래) 벗이 있어 멀리서 찾아오니 不亦樂乎(불역락호) 또한 즐겁지 아니한가? 人不知而不慍(인부지이불온) 남이 나를 알아주지 않아도 노여워하지 않으니 不亦君子乎(불역군자호) 또한 군자가 아니겠는가."

****** 子(자) 선생님을 높여 부르는 호칭. 學(학) 가르침을 받다. 본받다. 時(시) 때에 맞게. 而(이) 접속사. 習(습) 배운 것을 익혀서 그렇게 하다. 거듭하다. 不亦(불역) 긍정의 반문구. 乎와 연결되어 '~하지 않은가?'라는 긍정으로 쓰임. 慍(온) 성내다. 노여워 하다.

쓰기

子曰 學而時習之 不亦說乎
공자께서 말씀하셨다. "배우고 때에 맞춰 익히니 또한 기쁘지 아니한가?

有朋自遠方來 不亦樂乎
벗이 있어 멀리서 찾아오니 또한 즐겁지 아니한가?

人不知而不慍 不亦君子乎
남이 나를 알아주지 않아도 노여워하지 않으니 또한 군자가 아니겠는가."

人不知而不慍 不亦君子乎

學而 02

有子曰 其爲人也孝弟 而好犯上者 鮮矣
유자왈 기위인야 효제 이호범상자 선의

不好犯上 而好作亂者 未之有也
불호범상 이호작난자 미지유야

君子務本 本立而道生 孝弟也者 其爲仁之本與
군자무본 본립이도생 효제야자 기위인지본여

有子曰 유자가 말했다. "其爲人也孝弟(기위인야효제) 그 위인이 효성스럽고 공손하면서도 而好犯上者(이호범상자) 윗사람을 범하기를 좋아하는 자는 鮮矣(선의) 드물다. 不好犯上(불호범상) 윗사람을 범하기를 좋아하지 아니하면서도 而好作亂者(이호작난자) 난을 일으키기 좋아하는 자는 未之有也(미지유야) 있지 아니하다.
君子務本(군자무본) 군자는 근본에 힘을 쓰는 것이니, 本立而道生(본립이도생) 근본이 서면 도가 생긴다. 孝弟也者(효제야자) 효성스럽고 공손하다고 하는 것은 其爲仁之本與(기위인지본여) 인을 실천하는 근본이다."
******
有子(유자) 공자의 제자인 유약(有若). 노나라 사람. 자는 자유(子有). 무엇보다 윤리를 중시했으며, 정치는 백성들의 안락한 생활을 보장하는 것이란 생각을 가졌다. 또한 그는 외모가 공자와 흡사하게 닮은 것으로 유명했다. 鮮(선) 드물다. 務本(무본) 근본을 닦기에 힘쓰다. 本立而道生(본립이도생) 근본이 서면 도가 생긴다.

쓰기

有子曰 其爲人也孝弟 而好犯上者 鮮矣

유자가 말했다. "그 위인이 효성스럽고 공손하면서도 윗사람을 범하기를 좋아하는 자는 드물다.

不好犯上 而好作亂者 未之有也
윗사람을 범하기를 좋아하지 아니하면서도 난을 일으키기 좋아하는 자는 있지 아니하다.

君子務本 本立而道生 孝弟也者 其爲仁之本與
군자는 근본에 힘을 쓰는 것이니, 근본이 서면 도가 생긴다. 효성스럽고 공손하다고 하는 것은 인을 실천하는 근본이다."

學而 03

子曰 巧言令色 鮮矣仁
자 왈 교 언 영 색 선 의 인

子曰 공자께서 말씀하셨다. "**巧言令色**(교언영색) 말을 잘하고 낯빛을 꾸미는 사람치고 **鮮矣仁**(선의인) 인한 이가 드물다."

****** 巧(교) 예쁘다. 기교롭다. 令(영) 좋다. 우두머리.

쓰기

子曰 巧言令色 鮮矣仁

공자께서 말씀하셨다. "말을 잘하고 낯빛을 꾸미는 사람치고 인한 이가 드물다."

學而 04

曾子曰 吾日三省吾身 爲人謀而不忠乎
증자왈 오일삼성오신 위인모이불충호

與朋友交而不信乎 傳不習乎
여붕우교이불신호 전불습호

曾子曰 증자가 말했다. "吾日三省吾身(오일삼성오신) 나는 하루에 세 차례 자신을 반성한다. 爲人謀而不忠乎(위인모이불충호) 남을 위하여 일을 꾀함에 있어서 충성스럽지 못했는지? 與朋友交而不信乎(여붕우교이불신호) 벗과 사귐에 미덥지 못했는지? 傳不習乎(전불습호) 가르침 받은 것을 익히지 못했는지?"

******

曾子(증자) 공자 말년의 어린 제자. 노(魯)나라 무성(武城) 사람. 효경(孝經)의 저자로 알려진다. 吾(오) 나. 省(성) 성찰하다. 살피다. 깨닫다. 謀(모) 꾀하다. 吾日三省(오일삼성) 하루에 세 가지 일을 통해 반성하다.

쓰기

曾子曰 吾日三省吾身 爲人謀而不忠乎

증자가 말했다. "나는 하루에 세 차례 자신을 반성한다. 남을 위하여 일을 꾀함에 있어서 충성스럽지 못했는지?

與朋友交而不信乎 傳不習乎
벗과 사귐에 미덥지 못했는지? 가르침 받은 것을 익히지 못했는지?"

學而 05

子曰 道千乘之國 敬事而信 節用而愛人 使民以時
자 왈 도 천 승 지 국 경 사 이 신 절 용 이 애 인 사 민 이 시

子曰 공자께서 말씀하셨다. "道千乘之國(도천승지국) 천승지국을 다스릴 때는, 敬事而信(경사이신) 매사를 공경스럽게 하여 믿음을 얻어야 하고, 節用而愛人(절용이애인) 씀씀이를 아끼고 아랫사람을 사랑하며, 使民以時(사민이시) 백성을 부릴 때에는 반드시 때를 맞추어 해야 한다."

******

千乘之國(천승지국) 큰 나라. 승(乘)은 네 마리의 말이 끄는 전차로 보졸까지 합하면 약 70~100명 정도의 병사들로 구성되었다. 使民以時(사민이시) 사람을 부릴 때에는 반드시 때를 맞춰야 한다.

쓰기

子曰 道千乘之國 敬事而信
공자께서 말씀하셨다. 천승지국을 다스릴 때는, 매사를 공경스럽게 하여 믿음을 얻어야 하고,

節用而愛人 使民以時
씀씀이를 아끼고 아랫사람을 사랑하며, 백성을 부릴 때에는 반드시 때를 맞추어 해야 한다.

節用而愛人 使民以時

學而 06

子曰 弟子 入則孝 出則弟
자왈 제자 입즉효 출즉제

謹而信 汎愛衆而親仁
근이신 범애중이친인

行有餘力 則以學文
행유여력 즉이학문

子曰 공자께서 말씀하셨다. "弟子 入則孝 出則弟(제자 입즉효 출즉제) 젊은이들이여! 집에서는 효도하고, 밖에서는 공경하며, 謹而信(근이신) 말은 삼가고 신의를 지키고, 汎愛衆而親仁(범애중이친인) 널리 사람들을 사랑하되 어진 이와 가까이 하라. 그리고 行有餘力(행유여력) 실행하고 남는 힘이 있거든 則以學文(즉이학문) 학문을 배워라."

******

弟子(제자) 문하의 학생을 가리킬 적도 있지만 일반적으로 손아래의 젊은이를 가리킬 경우도 있다. 謹(근) 말을 삼가는 것. 行有餘力 則以學文(행유여력 즉이학문) 실천하고 남는 힘이 있을 때 글공부를 하라.

쓰기

子曰 弟子 入則孝 出則弟
공자께서 말씀하셨다. "젊은이들이여! 집에서는 효도하고, 밖에서는 공경하며,

謹而信 汎愛衆而親仁
말은 삼가고 신의를 지키고, 널리 사람들을 사랑하되 어진 이와 가까이 하라.

謹而信 汎愛衆而親仁

行有餘力 則以學文
그리고 실행하고 남는 힘이 있거든 학문을 배워라."

行有餘力 則以學文

學而 07

子夏曰 賢賢易色 事父母 能竭其力
자하왈 현현역색 사부모 능갈기력

事君 能致其身 與朋友交 言而有信
사군 능치기신 여붕우교 언이유신

雖曰未學 吾必謂之學矣
수왈미학 오필위지학의

子夏曰 자하가 말했다. "賢賢易色(현현역색) 어진 이를 어진 이로서 대하기를 아름다운 여인을 좋아하듯 하고, 事父母 能竭其力(사부모 능갈기력) 부모를 섬길 때는 능히 그 힘을 다하고, 事君 能致其身(사군 능치기신) 임금을 섬길 때는 능히 자신을 다 바치고, 與朋友交 言而有信(여붕우교 언이유신) 벗과 사귈 때는 믿을 수 있는 말만 한다면 雖曰未學(수왈미학) 비록 배우지 않았다 할지라도 吾必謂之學矣(오필위지학의) 나는 반드시 그를 배운 사람이라 일컬을 것이다."

****** **子夏**(자하) 공자의 제자. 성은 복(卜), 이름은 상(商). 위나라 사람. **竭**(갈) 다하다. **謂**(위) 평가하다. **賢賢易色**(현현역색) 어진 이를 어진 이로서 대하기를 아름다운 여인을 좋아하듯 하라.

쓰기

子夏曰 賢賢易色 事父母 能竭其力

자하가 말했다. "어진 이를 어진 이로서 대하기를 아름다운 여인을 좋아하듯 하고, 부모를 섬길 때는 능히 그 힘을 다하고,

事君 能致其身 與朋友交 言而有信
임금을 섬길 때는 능히 자신을 다 바치고, 벗과 사귈 때는 믿을 수 있는 말만 한다면

雖曰未學 吾必謂之學矣
비록 배우지 않았다 할지라도 나는 반드시 그를 배운 사람이라 일컬을 것이다."

學而 08

子曰 君子不重則不威 學則不固
　자 왈　군 자 부 중 즉 불 위　학 즉 불 고

主忠信 無友不如己者 過則勿憚改
　주 충 신　무 우 불 여 기 자　과 즉 물 탄 개

子曰 공자께서 말씀하셨다. "**君子不重則不威**(군자부중즉불위) 군자는 무게 있게 행동하지 않으면 위엄이 없고, **學則不固**(학즉불고) 배워도 견고하지 못하다. **主忠信**(주충신) 충과 신을 중심으로 삼고, **無友不如己者**(무우불여기자) 자기보다 못한 자를 벗하지 아

니하며, 過則勿憚改(과즉물탄개) 허물이 있으면 고치는 것을 꺼리지 않는다."

******

威(위) 위엄. 固(고) 고루하다. 過則勿憚改(과즉물탄개) 허물이 있으면 고치는 것을 꺼리지 않는다.

쓰기

子曰 君子不重則不威 學則不固
공자께서 말씀하셨다. "군자는 무게 있게 행동하지 않으면 위엄이 없고, 배워도 견고하지 못하다.

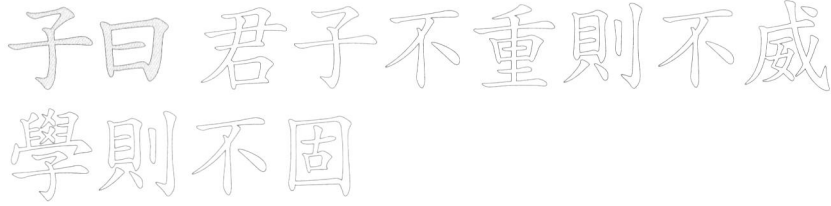

主忠信 無友不如己者 過則勿憚改
충과 신을 중심으로 삼고, 자기보다 못한 자와 벗하지 않고, 허물이 있으면 고치는 것을 꺼리지 않는다."

學而 09

曾子曰 愼終追遠 民德歸厚矣
증자왈 신종추원 민덕귀후의

曾子曰 증자가 말했다. "愼終追遠(신종추원) 삶의 마감을 신중하게 하고 먼 조상까지 추모에 정성을 다하면, 民德歸厚矣(민덕귀후의) 백성들의 덕이 두터워질 것이다."

******

曾子(증자) 공자 말년의 어린 제자. 노(魯)나라 무성(武城) 사람. 효경(孝經)의 저자.

愼終追遠(신종추원) 삶의 마감을 신중하게 하고, 먼 조상의 제사까지도 추모에 정성을 다한다. 우리 삶의 사례(四禮)인 관혼상제(冠婚喪祭)에서 관·혼은 삶의 제식이고, 상·제는 죽음의 제식이다. 그러므로 신종(愼終)은 상례(喪禮)를, 추원(追遠)은 제례(祭禮)를 뜻한다. 愼(신) 삼가다. 신중하게 하다. 終(종) 끝나다(인간 생명의 종언 終焉을 의미). 追(추) 추모하다. 遠(원) 먼 조상. 歸厚(귀후) 후덕하게 돌아가다.

쓰기

曾子曰 愼終追遠 民德歸厚矣
증자가 말했다. "삶의 마감을 신중하게 하고 먼 조상까지 추모에 정성을 다하면, 백성들의 덕이 두터워질 것이다."

學而 10

子禽問於於子貢曰 夫子至於是邦也
자금문어자공왈 부자지어시방야

必聞其政 求之與 抑與之與
필문기정 구지여 억여지여

子貢曰 夫子溫良恭儉讓以得之
자공왈 부자온량공검양이득지

夫子之求之也 其諸異乎人之求之與
부자지구지야 기저이호인지구지여

子禽問於子貢曰(자금문어자공왈) 자금이 자공에게 물었다. "夫子至於是邦也(부자지어시방야) 선생님께서는 어떤 나라에 이르시면 必聞其政(필문기정) 반드시 그 나라의 정사에 대해 들으셨는데, 求之與(구지여) 그것은 선생님께서 구하신 것입니까? 抑與之與(억여지여) 아니면 (그런 기회를) 그들이 준 것입니까?"

子貢曰 자공이 대답했다. "**夫子溫 良 恭 儉 讓以得之**(부자온 량 공 검 양이득지) 선생님께서는 온화하고 어질며 공경하고 검소하며 자신을 낮춤으로써 얻으시는 것이니, **夫子之求之也**(부자지구지야) 선생님의 구하심은 **其諸異乎人之求之與**(기저이호인지구지여) 남들이 구하는 것과는 다르다."

******

子禽(자금) 성은 진(陳), 이름은 항(亢)이며 진나라 사람. 자공의 제자. **子貢**(자공) 성은 단목(端木), 이름은 사(賜)이며 위(衛)나라 사람, 공자의 제자. 재화를 불리는 탁월한 재주와 언변에 능했고 영민했다.

■ 쓰기

子禽問於子貢曰 夫子至於是邦也
자금이 자공에게 물었다. "선생님께서는 어떤 나라에 이르시면

必聞其政 求之與 抑與之與
반드시 그 나라의 정사에 대해 들으셨는데, 그것은 선생님께서 구하신 것입니까? 아니면 (그런 기회를) 그들이 준 것입니까?"

子貢曰 夫子溫 良 恭 儉 讓以得之
자공이 대답했다. "선생님께서는 온화하고 어질며 공경하고 검소하며 자신을 낮춤으로써 얻으시는 것이니,

夫子之求之也 其諸異乎人之求之與
선생님의 구하심은 남들이 구하는 것과는 다르다."

學而 11

子曰 父在觀其志 父沒觀其行
자 왈 부 재 관 기 지 부 몰 관 기 행

三年無改於父之道 可謂孝矣
삼 년 무 개 어 부 지 도 가 위 효 의

子曰 공자께서 말씀하셨다. "父在觀其志(부재관기지) 아버지께서 살아계실 때는 그 뜻을 살피고, 父沒觀其行(부몰관기행) 아버지께서 돌아가셨을 때는 그 하신 일을 살펴야 한다. 三年無改於父之道(삼년무개어부지도) 삼년 동안 아버지의 삶의 방식을 고치지 않아야 可謂孝矣(가위효의) 효라 이를 만하다."

*****

在(재) 살아계시다. 沒(몰) 돌아가시다.

子曰 父在觀其志 父沒觀其行
공자께서 말씀하셨다. "아버지께서 살아계실 때는 그 뜻을 살피고, 아버지께서 돌아가셨을 때는 그 하신 일을 살펴야한다.

三年無改於父之道 可謂孝矣
삼년 동안 아버지의 삶의 방식을 고치지 않아야 효라 이를 만하다."

學而 12

有子曰 禮之用 和爲貴 先王之道
유자왈 예지용 화위귀 선왕지도

斯爲美 小大由之 有所不行
사위미 소대유지 유소불행

知和而和 不以禮節之 亦不可行也
지화이화 불이예절지 역불가행야

有子曰 유자가 말했다. "禮之用 和爲貴(예지용 화위귀) 예의 쓰임은 조화로움을 귀하게 여긴다. 先王之道 斯爲美(선왕지도 사위미) 선왕의 도는 이것을 아름답게 여겼다. 그러나 小大由之(소대유지) 작고 큰 일이 이것으로만 말미암는다면 때론 有所不行(유소불행) 행하지 못할 경우도 있다. 不以禮節之(불이예절지) 조화만을 알아 조화롭게만 하고 예로써 절제하지 않는다면 또한 亦不可行也(역불가행야) 행하여지지 않을 수도 있다."

****** 和(화) 조화. 자연스러움. 節(절) 대나무의 마디처럼 때와 장소에 맞게 지켜야 할 예. 禮之用 和爲貴(예지용 화위귀) 예의 쓰임은 조화로움을 귀하게 여긴다. 예만 앞세우면 형식적으로 흐르고, 악만 앞세우면 감정만 난무하게 된다. 예와 악의 조화로움.

쓰기

有子曰 禮之用 和爲貴 先王之道 斯爲美

유자가 말했다. "예의 쓰임은 조화로움을 귀하게 여긴다. 선왕의 도는 이것을 아름답게 여겼다.

小大由之 有所不行
그러나 작고 큰 일이 이것으로만 말미암는다면 때론 행하지 못할 경우도 있다.

知和而和 不以禮節之 亦不可行也
조화만을 알아 조화롭게만 하고 예로써 절제하지 않는다면 또한 행하여지지 않을 수도 있다."

學而 13

有子曰 信近於義 言可復也 恭近於禮 遠恥辱也
유 자 왈 신 근 어 의 언 가 복 야 공 근 어 례 원 치 욕 야

因不失其親 亦可宗也
인 불 실 기 친 역 가 종 야

有子曰 유자가 말했다. "信近於義(신근어의) 약속이 의로움에 가까워야 言可復也(언가복야) 그 말이 실천될 수 있다. 恭近於禮(공근어례) 공손함이 예에 가까워야 遠恥辱也(원치욕야) 치욕을 멀리할 수 있다. 因不失其親(인불실기친) 그렇게 하여 가까운 사람을

잃지 않는다면 *亦可宗也*(역가종야) 또한 본받을 만하다."

******

信(신) 약속. 언언과 같다. 復(복) 말이 실천되다. 可(가) ~할 만하다.

쓰기

有子曰 信近於義 言可復也 恭近於禮 遠恥辱也

유자가 말했다. "약속이 의로움에 가까워야 그 말이 실천될 수 있다. 공손함이 예에 가까워야 치욕을 멀리할 수 있다.

因不失其親 亦可宗也

그렇게 하여 가까운 사람을 잃지 않는다면 또한 본받을 만하다."

學而 14

子曰 君子食無求飽 居無求安
자 왈 군 자 식 무 구 포 거 무 구 안

敏於事而愼於言 就有道而正焉 可謂好學也已
민 어 사 이 신 어 언 취 유 도 이 정 언 가 위 호 학 야 이

子曰 공자께서 말씀하셨다. "**君子食無求飽**(군자식무구포) 군자가 먹음에 배부름을 구하지 아니하고, **居無求安**(거무구안) 거처함에 편안함을 구하지 아니하며, **敏於事而愼於言**(민어사이신어언) 일을 민첩하게 하고 말을 신중하게 하며, **就有道而正焉**(취유도이정언) 도가 있는 이에게 나아가 자신을 바르게 한다면 **可謂好學也已**(가위호학야이) 배

우기를 좋아한다고 이를 만하다."
****** 飽(포) 배부르다. 가득 차다. 安(안) 편안하다. 就(취) 나아가다. 正焉(정언) 내가 내 자신을 바르게 하다. 好學(호학) 끊임없이 부족함을 인지하고 배움을 견지하는 자세로 군자가 추구해야 할 가치.

■ 쓰기

子曰 君子食無求飽 居無求安
공자께서 말씀하셨다. "군자가 먹음에 배부름을 구하지 아니하고, 거처함에 편안함을 구하지 아니하며,

子曰
君子食無求飽 居無求安

敏於事而愼於言 就有道而正焉 可謂好學也已
일을 민첩하게 하고 말을 신중하게 하며, 도가 있는 이에게 나아가 자신을 바르게 한다면 배우기를 좋아한다고 이를 만하다."

敏於事而愼於言 就有道而
正焉 可謂好學也已

 15

子貢曰 貧而無諂 富而無驕 何如
자공왈 빈이무첨 부이무교 하여

子曰 可也 未若貧而樂 富而好禮者也
자왈 가야 미약빈이락 부이호례자야

子貢曰 詩云 如切如磋 如琢如磨 其斯之謂與
자공왈 시운 여절여차 여탁여마 기사지위여

子曰 賜也 始可與言詩已矣 告諸往而知來者
자왈 사야 시가여언시이의 고저왕이지래자

子貢曰 자공이 말했다. "貧而無諂(빈이무첨) 가난하면서도 아첨하지 아니하고, 富而無驕 何如(부이무교 하여) 부유하면서도 교만하지 아니하면 어떻습니까?" 子曰 공자께서 말씀하셨다. "可也(가야) 괜찮지만 未若貧而樂(미약빈이락) 가난하면서도 즐길 줄 알고, 富而好禮者也(부이호례자야) 부유하면서도 예를 좋아하는 것만은 못하다."

子貢曰 자공이 말했다. "詩云(시운) 시경에 '如切如磋(여절여차) 자른 듯, 다음은 듯, 如琢如磨(여탁여마) 쪼은 듯, 간 듯'이라 하였는데 其斯之謂與(기사지위여) 이것을 두고 한 말인가요?"

子曰 공자께서 말씀하셨다. "賜也(사야) 사야! 始可與言詩已矣(시가여언시이의) 이제 비로소 너와 시를 말할 수 있겠구나. 告諸往而知來者(고저왕이지래자) 지난 것을 알려주니 올 것을 아는구나."

******

諂(첨) 아첨하다. 驕(교) 교만하다. 詩(시) 시경. 切磋(절차) 뿔과 뼈를 자르고 거친 면을 다듬다. 琢磨(탁마) 옥과 돌을 쪼고 거친 면을 갈다. 切磋琢磨 칼로 다듬고 줄로 쓸며 망치로 쪼고 숫돌로 간다는 뜻으로, 학문을 닦고 덕행을 수양하는 것을 비유하는 말. 諸(제)는 '지호 之乎', '지어 之於'의 축약형이기에 우리말로 '저'로 발음한다.

쓰기

子貢曰 貧而無諂 富而無驕 何如
자공이 말했다. "가난하면서도 아첨하지 아니하고, 부유하면서도 교만하지 아니하면 어떻습니까?"

子曰 可也 未若貧而樂 富而好禮者也
공자께서 말씀하셨다. "괜찮지만 가난하면서도 즐길 줄 알고, 부유하면서도 예를 좋아하는 것만은 못하다."

子曰 可也
未若貧而樂 富而好禮者也

子貢曰 詩云 如切如磋 如琢如磨 其斯之謂與
자공이 말했다. "시경에 '자른 듯, 다음은 듯, 쪼은 듯, 간 듯'이라 하였는데 이것을 두고 한 말인가요?"

子貢曰 詩云 如切如磋
如琢如磨 其斯之謂與

子曰 賜也 始可與言詩已矣 告諸往而知來者
공자께서 말씀하셨다. "사야! 이제 비로소 너와 시를 말할 수 있겠구나. 지난 것을 알려주니 올 것을 아는구나."

子曰 賜也 始可與言詩已矣
告諸往而知來者

學而 16

子曰 不患人之不己知 患不知人也
자왈 불 환 인 지 불 기 지 환 부 지 인 야

子曰 공자께서 말씀하셨다. "不患人之不己知(불환인지불기지) 남들이 자신을 알아주지 않는 것을 걱정하지 말고, 患不知人也(환부지인야) 내가 남을 알지 못함을 걱정해야 한다."
****** 人不知而不慍(인부지불온) '남이 나를 알아주지 않아도 노하지 않는다'와 같은 맥락이다.

쓰기

子曰 不患人之不己知 患不知人也

공자께서 말씀하셨다. "남들이 자신을 알아주지 않는 것을 걱정하지 말고, 내가 남을 알지 못함을 걱정해야 한다."

第二篇 爲政

예방 채우기

자식은 종종 부모를 '우산' 취급한다...

화창한 날은 '불편'해하고, 궂은 날은 그 밑에 숨는다...

爲政 01

子曰 爲政以德 譬如北辰 居其所而衆星共之
자왈 위정이덕 비여북신 거기소이중성공지

子曰 공자께서 말씀하셨다. "爲政以德(위정이덕) 정치를 하되 덕으로 하는 것은, 譬如北辰(비여북신) 비유하면 북극성이 居其所而衆星共之(거기소이중성공지) 제자리에 머물러 있어도 나머지 모든 별들이 그를 중심으로 도는 것과 같다."

******

譬(비) 비유하다. 北辰(북신) 북극성. 居(거) 거주하다. 머물다. 其所(기소) 제자리. 共(공) 향한다는 뜻.

쓰기

子曰 爲政以德 譬如北辰
공자께서 말씀하셨다. "정치를 하되 덕으로 하는 것은, 비유하면 북극성이

居其所而衆星共之
제자리에 머물러 있어도 나머지 모든 별들이 그를 중심으로 도는 것과 같다."

爲政 02

子曰 詩三百 一言以蔽之 曰 思無邪
자왈 시삼백 일언이폐지 왈 사무사

子曰 공자께서 말씀하셨다. "詩三百(시삼백) 시 삼백 편의 내용을 一言以蔽之 曰(일언

이폐지 왈) 한마디 말로 포괄해 표현하자면, '**思無邪**(사무사) 그 생각에 사특함이 없다.'"
******
蔽(폐) 덮다. 포괄하다. **邪**(사) 간사하다. 사특하다. **一言以蔽之**(일언이폐지) 한마디로 말로 포괄하다.

쓰기

子曰 詩三百 一言以蔽之 曰 思無邪
공자께서 말씀하셨다. "시 삼백 편의 내용을 한마디 말로 포괄해 표현하자면, '그 생각에 사특함이 없다.'"

爲政 03

子曰 道之以政 齊之以刑 民免而無恥
　　자 왈 도 지 이 정 　제 지 이 형 　민 면 이 무 치
道之以德 齊之以禮 有恥且格
도 지 이 덕 　제 지 이 례 　유 치 차 격

子曰 공자께서 말씀하셨다. "**道之以政**(도지이정) 정치로써 인도하고, **齊之以刑**(제지이형) 형벌로써 가지런히 하면 **民免而無恥**(민면이무치) 백성들이 면하려고만 하고 부끄러워함이 없다. **道之以德**(도지이덕) 덕으로써 인도하고 **齊之以禮**(제지이례) 예로써 가지런히 하면 **有恥且格**(유치차격) 부끄러워함이 있고 또한 바름에 이른다."
******* **道**(도) 인도하다. 도(導)와 같다. **齊**(제) 가지런히 하다. **且**(차) 또. **格**(격) 바로잡다.

쓰기

子曰 道之以政 齊之以刑 民免而無恥
공자께서 말씀하셨다. "정치로써 인도하고, 형벌로써 가지런히 하면 백성들이 면하려고만 하고 부끄러워함이 없다.

子曰 道之以政 齊之以刑
民免而無恥

道之以德 齊之以禮 有恥且格
덕으로써 인도하고 예로써 가지런히 하면 부끄러워함이 있고 또한 바름에 이른다."

道之以德 齊之以禮
有恥且格

爲政 04

子曰 吾十有五而志于學
자왈 오십유오이지우학

三十而立 四十而不惑
삼십이립 사십이불혹

五十而知天命 六十而耳順
오십이지천명 육십이이순

七十而從心所欲 不踰矩
칠십이종심소욕 불유구

子曰 공자께서 말씀하셨다. "吾十有五而志于學(오십유오이지우학) 나는 열 다섯에 학문에 뜻을 두었고, 三十而立(삼십이립) 서른에 확립했으며, 四十而不惑(사십이불혹) 마흔에 미혹됨이 없었고, 五十而知天命(오십이지천명) 쉰에 천명을 알았으며, 六十而耳順(육십이이순) 예순에 귀가 순해졌고, 七十而從心所欲(칠십이종심소욕) 일흔에 마음이 하고자 하는 바를 따라도 不踰矩(불유구) 법도에 어긋나지 않았다."

****** 踰(유) 넘다. 건너다. 矩(구) 목수들이 쓰는 기억자 모양의 곱자. 법도. 不踰矩(불유구) 법도에 어긋나지 않는다.

쓰기

子曰 吾十有五而志于學
공자께서 말씀하셨다. "나는 열 다섯에 학문에 뜻을 두었고,

三十而立 四十而不惑
서른에 확립했으며, 마흔에 미혹됨이 없었고,

五十而知天命 六十而耳順
쉰에 천명을 알았으며, 예순에 귀가 순해졌고,

七十而從心所欲 不踰矩
일흔에 마음이 하고자 하는 바를 따라도 법도에 어긋나지 않았다."

七十而從心所欲 不踰矩

爲政 05

孟懿子問孝 子曰 無違
맹 의 자 문 효 자 왈 무 위

樊遲御 子告之曰 孟孫問孝於我 我對曰 無違
번 지 어 자 고 지 왈 맹 손 문 효 어 아 아 대 왈 무 위

樊遲曰 何謂也 子曰 生 事之以禮 死 葬之以禮 祭之以禮
번 지 왈 하 위 야 자 왈 생 사 지 이 례 사 장 지 이 례 제 지 이 례

孟懿子問孝(맹의자문효) 맹의자가 효에 대해 여쭙자 子曰 공자께서 말씀하셨다. "無違(무위) 어김이 없어야 합니다."

樊遲御(번지어) 번지가 수레를 몰고 있었는데, 子告之曰(자고지왈) 공자께서 그에게 말씀하셨다. "孟孫問孝於我(맹손문효어아) 맹손씨가 나에게 효에 대해 물었는데 我對曰 無違(아대왈 무위) 나는 어김이 없어야 한다고 대답했단다." 樊遲曰 번지가 물었다. "何謂也(하위야) 그것은 무엇을 두고 하신 말씀입니까?"

子曰 공자께서 말씀하셨다. "生事之以禮(생사지이례) 살아계실 때도 예로 섬기고, 死葬之以禮(사장지이례) 돌아가셨을 때도 예로 장사를 지내며, 祭之以禮(제지이례) 제사도 예로 지내는 것이다."

*****

孟懿子(맹의자) 노(魯)나라의 대부(大夫). 중손씨(仲孫氏). 이름은 하기(何忌). 樊遲(번지) 공자의 제자. 이름은 수(須). 자는 자지(子遲). 無違(무위) 어기지 않다. 御(어) 수레를 몰다.

쓰기

孟懿子問孝 子曰 無違
맹의자가 효에 대해 여쭙자 공자께서 말씀하셨다. "어김이 없어야 합니다."

樊遲御 子告之曰
번지가 수레를 몰고 있었는데, 공자께서 그에게 말씀하셨다.

孟孫問孝於我 我對曰 無違
"맹손씨가 나에게 효에 대해 물었는데 나는 어김이 없어야 한다고 대답했단다."

樊遲曰 何謂也
번지가 물었다. "그것은 무엇을 두고 하신 말씀입니까?"

子曰 生 事之以禮
공자께서 말씀하셨다. "살아계실 때도 예로 섬기고,

死 葬之以禮 祭之以禮
돌아가셨을 때도 예로 장사를 지내며, 제사도 예로 지내는 것이다."

爲政 06

孟武伯問孝 子曰 父母唯其疾之憂
맹 무 백 문 효 자 왈 부 모 유 기 질 지 우

孟武伯問孝(맹무백문효) 맹무백이 효에 대해 물었다. 子曰 공자가 이에 말씀하셨다. "父母唯其疾之憂(부모유기질지우) 부모는 오직 자식이 병들까 걱정한다."
****** 孟武伯(맹무백) 맹의자(孟懿子)의 아들.

쓰기

孟武伯問孝 子曰 父母唯其疾之憂

맹무백이 효에 대해 물었다. 공자가 이에 말씀하셨다. "부모는 오직 자식이 병들까 걱정한다."

爲政 07

子游問孝 子曰 今之孝者 是謂能養
자 유 문 효 자 왈 금 지 효 자 시 위 능 양

至於犬馬 皆能有養 不敬 何以別乎
지 어 견 마 개 능 유 양 불 경 하 이 별 호

子游問孝(자유문효) 자유가 효에 대해 여쭙자 **子曰** 공자께서 말씀하셨다. "**今之孝者**(금지효자) 지금의 효라는 것은 **是謂能養**(시위능양) 물질적으로 봉양을 잘하는 것만을 일컫는 것 같다. 하지만 **至於犬馬 皆能有養**(지어견마 개능유양) 개나 말도 또한 봉양함이 있느니, **不敬 何以別乎**(불경 하이별호) 공경함이 없다면 무엇으로 구별하겠는가?"

****** **子游**(자유) 오(吳)나라 사람. 공자의 제자로, 성은 언(言), 이름은 언(偃), 자유는 그의 자다. 무성(武城)의 재상이 되어 예악으로 정치를 펼쳤으며 공문십철(孔門十哲)의 한 사람이다. 공자가 가장 아낀 제자였으며, 문학에 능했다.

쓰기

子游問孝 子曰 今之孝者 是謂能養

자유가 효에 대해 여쭙자 공자께서 말씀하셨다. "지금의 효라는 것은 물질적으로 봉양을 잘하는 것만을 일컫는 것 같다.

今之孝者 是謂能養

至於犬馬 皆能有養 不敬 何以別乎
하지만 개나 말도 또한 봉양함이 있느니, 공경함이 없다면 무엇으로 구별하겠는가?"

至於犬馬 皆能有養 不敬 何以別乎

爲政 08

子夏問孝 子曰 色難
자 하 문 효 자 왈 색 난

有事 弟子服其勞 有酒食 先生饌 曾是以爲孝乎
유 사 제 자 복 기 로 유 주 사 선 생 찬 증 시 이 위 효 호

子夏問孝(자하문효) 자하가 효에 대해 여쭙자 子曰 공자께서 말씀하셨다. "色難(색난) 온화한 얼굴빛으로 (부모님을 모시기가) 어렵다. 有事 弟子服其勞(유사 제자복기로) 일이 있으면 동생이나 자식이 그 수고로움을 대신하고, 有酒食 先生饌(유주사 선생찬) 술과 밥이 있으면 어른께 먼저 드시게 하는 것을 曾是以爲孝乎(증시이위효호) 일찍이 효라고 할 수 있겠는가?"

****** 色難(색난) (부모를 섬길 때) 안색을 온화하게 하기가 어렵다. 弟子(제자) 동생과 자식. 아랫사람. 服(복) 대신하다. 食(사) 밥을 뜻할 때는 '식'으로 읽지 않고 '사'라고 읽는다.

쓰기

子夏問孝 子曰 色難
자하가 효에 대해 여쭙자 공자께서 말씀하셨다. "온화한 얼굴빛으로 (부모님을 모시기가) 어렵다.

子夏問孝 子曰 色難

有事 弟子服其勞 有酒食 先生饌 曾是以爲孝乎
일이 있으면 동생이나 자식이 그 수고로움을 대신하고, 술과 밥이 있으면 어른께 먼저 드시게 하는 것을 일찍이 효라고 할 수 있겠는가?"

爲政 09

子曰 吾與回言終日 不違 如愚
자왈 오여회언종일 불위 여우

退而省其私 亦足以發 回也不愚
퇴이성기사 역족이발 회야불우

子曰 공자께서 말씀하셨다. "**吾與回言終日**(오여회언종일) 내가 **회**와 더불어 온종일 이야기를 했으나 **不違 如愚**(불위 여우) 어기는 것이 없고 어리석게 느껴졌다. 하지만 **退而省其私**(퇴이성기사) 물러난 뒤에 그의 사생활을 살펴보니 **亦足以發**(역족이발) 충분히 실천하고 있었다. **回也不愚**(회야불우) **회**는 절대 어리석은 자가 아니다."

******

顔回(안회) 이름은 회(回), 자(字)는 자연(子淵). 공자와 동향인 노(魯)나라 사람이다. 공자가 가장 아끼고 신임하였던 제자이며, 공자보다 30세 아래이나 공자보다 먼저 31세로 요절하였다. **省**(성) 살피다. 성찰하다. **發**(발) 실천하다.

쓰기

子曰 吾與回言終日 不違 如愚

공자께서 말씀하셨다. "내가 회와 더불어 온종일 이야기를 했으나 어기는 것이 없고 어리석게 느껴졌다.

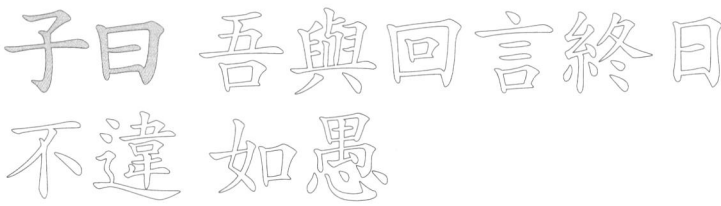

退而省其私 亦足以發 回也不愚

하지만 물러난 뒤에 그의 사생활을 살펴보니 충분히 실천하고 있었다. 회는 절대 어리석은 자가 아니다."

爲政 10

子曰 視其所以 觀其所由 察其所安 人焉廋哉 人焉廋哉
자 왈 시 기 소 이 관 기 소 유 찰 기 소 안 인 언 수 재 인 언 수 재

子曰 공자께서 말씀하셨다. "視其所以(시기소이) 그 행하는 것을 보고, 觀其所由(관기소유) 그 말미암는 것을 살피며, 察其所安(찰기소안) 그 편안하게 여기는 것을 살핀다면, 人焉廋哉(인언수재) 사람이 어떻게 자신을 숨길 수 있겠는가? 人焉廋哉(인언수재) 사람이 어떻게 자신을 숨길 수 있겠는가?"

****** 視(시) 보다. 觀(관) 자세하게 보다. 察(찰) 더 자세하게 보다. 廋(수) 숨기다.

쓰기

子曰 視其所以 觀其所由

공자께서 말씀하셨다. "그 행하는 것을 보고, 그 말미암는 것을 살피며,

子曰 視其所以 觀其所由

察其所安 人焉廋哉 人焉廋哉
그 편안하게 여기는 것을 살핀다면, 사람이 어떻게 자신을 숨길 수 있겠는가? 사람이 어떻게 자신을 숨길 수 있겠는가?"

察其所安
人焉廋哉 人焉廋哉

爲政 11

子曰 溫故而知新 可以爲師矣
자 왈 온 고 이 지 신 가 이 위 사 의

子曰 공자께서 말씀하셨다. "**溫故而知新**(온고이지신) 옛 것을 익히고 새로운 것을 알면 **可以爲師矣**(가이위사의) 스승이 될 만하다."

******
故(고) 거울이 되는 옛 역사와 문물. **可以**(가이) ~할 수 있다.
溫故知新(온고지신) 옛 것을 살피고 새 것을 안다.

 쓰기

子曰 溫故而知新 可以爲師矣
공자께서 말씀하셨다. "옛 것을 익히고 새로운 것을 알면 스승이 될 만하다."

子曰
溫故而知新 可以爲師矣

爲政 12

子曰 君子不器
자왈 군자불기

子曰 공자께서 말씀하셨다. "君子不器(군자불기) 군자는 그릇처럼 한정된 존재가 아니다."

쓰기

子曰 君子不器
공자께서 말씀하셨다. "군자는 그릇처럼 한정된 존재가 아니다."

爲政 13

子貢問君子 子曰 先行其言 而後從之
자공문군자 자왈 선행기언 이후종지

子貢問君子(자공문군자) 자공이 군자에 대해 묻자 子曰 공자께서 말씀하셨다. "先行其言(선행기언) 먼저 그 말을 실천에 옮기고, 而後從之(이후종지) 이후에 따르게 한다."
******
先行其言(선행기언) 말하기도 전에 실행하는 것. 而後從之(이후종지) 실행한 후에 말하는 것.

쓰기

子貢問君子 子曰 先行其言 而後從之
자공이 군자에 대해 묻자 공자께서 말씀하셨다. "먼저 그 말을 실천에 옮기고, 이후에 따르게 한다."

先行其言 而後從之

爲政 14

子曰 君子周而不比 小人比而不周
자 왈 군 자 주 이 불 비 소 인 비 이 부 주

子曰 공자께서 말씀하셨다. "君子周而不比(군자주이불비) 군자는 두루두루 어울리지만 편을 나누지 않으며, 小人比而不周(소인비이부주) 소인은 편을 나누고 두루두루 어울리지 않는다."
****** 周(주) 두루두루 어울리다. 比(비) 편을 나누다.

쓰기

子曰 君子周而不比 小人比而不周
공자께서 말씀하셨다. "군자는 두루두루 어울리지만 편을 나누지 않으며, 소인은 편을 나누고 두루두루 어울리지 않는다."

爲政 15

子曰 學而不思則罔 思而不學則殆
자 왈 학 이 불 사 즉 망 사 이 불 학 즉 태

子曰 공자께서 말씀하셨다. "學而不思則罔(학이불사즉망) 배우기만 하고 생각하지 않으면 텅 비고, 思而不學則殆(사이불학즉태) 생각하기만 하고 배우지 않으면 위태롭다."

******
罔(망) 텅 비다. 殆(태) 위태하다.

쓰기

子曰 學而不思則罔 思而不學則殆
공자께서 말씀하셨다. "배우기만 하고 생각하지 않으면 텅 비고, 생각하기만 하고 배우지 않으면 위태롭다."

爲政 16

子曰 攻乎異端 斯害也已
자 왈 공 호 이 단 사 해 야 이

子曰 공자께서 말씀하셨다. "攻乎異端(공호이단) 이단을 공부하는 것은 斯害也已(사해야이) 해가 될 뿐이다."
****** 攻(공) 전공하다. 공독하다. 연구하다. 異端(이단) 기이하고 색다른 생각이나 단서. 也已(야이) ~할 뿐이다. ~할 따름이다.

쓰기

子曰 攻乎異端 斯害也已
공자께서 말씀하셨다. "이단을 공부하는 것은 해가 될 뿐이다."

爲政 17

子曰 由 誨女知之乎 知之爲知之 不知爲不知 是知也
자 왈 유 회 여 지 지 호 지 지 위 지 지 부 지 위 부 지 시 지 야

子曰 공자께서 말씀하셨다. "由 誨女知之乎(유 회여지지호) 유야! 내가 너에게 안다는 것에 대해 가르쳐주마. 知之爲知之(지지위지지) 아는 것을 안다고 하고 不知爲不知(부지위부지) 모르는 것을 모른다고 하는 것, 是知也(시지야) 이것이 곧 아는 것이다."
****** 由(유) 성은 중(仲), 자는 자로(子路)이다. 제자 중에서 최연장자이며 공자학단의 중심적인 인물이었다.
誨(회) 가르치다. 女(여) 여(汝)와 같다. 너.

쓰기

子曰 由 誨女知之乎
공자께서 말씀하셨다. "유야! 내가 너에게 안다는 것에 대해 가르쳐주마.

知之爲知之 不知爲不知 是知也
아는 것을 안다고 하고 모르는 것을 모른다고 하는 것, 이것이 곧 아는 것이다."

爲政 18

子張學干祿 子曰 多聞闕疑 愼言其餘 則寡尤
자 장 학 간 록 자 왈 다 문 궐 의 신 언 기 여 즉 과 우

多見闕殆 愼行其餘 則寡悔 言寡尤 行寡悔 祿在其中矣
다 견 궐 태 신 행 기 여 즉 과 회 언 과 우 행 과 회 녹 재 기 중 의

子張學干祿(자장학간록) 자장이 벼슬하는 법을 배우고자 했다. 子曰 공자께서 말씀하셨다. "多聞闕疑(다문궐의) 많이 듣되 의심스러운 것은 빼버리고 愼言其餘(신언기여) 그 나머지를 신중하게 말하면 則寡尤(즉과우) 허물이 적을 것이다. 多見闕殆(다견궐태) 많이 보되 위태로운 것을 빼버리고 愼行其餘(신행기여) 그 나머지를 신중하게 행동하면 則寡悔(즉과회) 후회가 적을 것이다. 言寡尤(언과우) 말에 허물이 적고 行寡悔(행과회) 행동에 후회가 적으면 祿在其中矣(녹재기중의) 벼슬이 그 가운데 있을 것이다."

****** 子張(자장) 공자의 제자이며 성은 전손(顓孫), 이름은 사(師), 진(陳)나라 사람. 干(간) 구하다. 祿(녹) 녹. 녹봉. 悔(회) 뉘우침. 후회.

쓰기

子張學干祿 子曰 多聞闕疑 愼言其餘 則寡尤

자장이 벼슬하는 법을 배우고자 했다. 공자께서 말씀하셨다. "많이 듣되 의심스러운 것은 빼버리고 그 나머지를 신중하게 말하면 허물이 적을 것이다.

多見闕殆 愼行其餘 則寡悔 言寡尤 行寡悔 祿在其中矣

많이 보되 위태로운 것을 빼버리고 그 나머지를 신중하게 행동하면 후회가 적을 것이다. 말에 허물이 적고 행동에 후회가 적으면 벼슬이 그 가운데 있을 것이다."

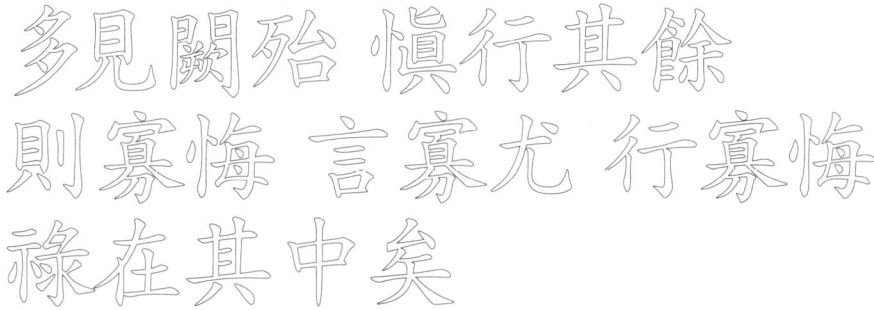

爲政 19

哀公問曰 何爲則民服
애공문왈 하위즉민복

孔子對曰 擧直錯諸枉 則民服 擧枉錯諸直 則民不服
공자대왈 거직조저왕 즉민복 거왕조저직 즉민불복

哀公問曰(애공문왈) 애공이 물어 말하였다. "**何爲則民服**(하위즉민복) 어떻게 다스리면 백성들이 따르겠습니까?" **孔子對曰** 공자께서 대답하여 말씀하셨다. "**擧直錯諸枉**(거직조저왕) 곧은 사람을 등용해서 굽은 사람 위에 올려놓으면 **則民服**(즉민복) 백성들이 따를 것이고, **擧枉錯諸直**(거왕조저직) 굽은 사람을 등용해서 곧은 사람 위에 올려놓으면 **則民不服**(즉민불복) 백성들이 따르지 않을 것입니다."

******

哀公(애공) 공자의 조국 노나라의 마지막 군주. 성은 희(姬). 이름은 장(蔣). 애공은 그의 시호다. **對曰**(대왈) 임금을 높여서 대답한 것. **擧**(거) 등용하다. **直**(직) 곧고 바른 사람. **錯**(조) 올려놓다. **枉**(왕) 굽은 사람. 사리사욕에 사로잡혀 왜곡된 사람.

쓰기

哀公問曰 何爲則民服
애공이 물어 말하였다. "어떻게 다스리면 백성들이 따르겠습니까?"

孔子對曰 擧直錯諸枉 則民服 擧枉錯諸直 則民不服
공자께서 대답하여 말씀하셨다. "곧은 사람을 등용해서 굽은 사람 위에 올려놓으면 백성들이 따를 것이고, 굽은 사람을 등용해서 곧은 사람 위에 올려놓으면 백성들이 따르지 않을 것입니다."

舉直錯諸枉 則民服
舉枉錯諸直 則民不服

爲政 20

季康子問 使民敬忠以勸 如之何
계강자문 사민경충이권 여지하

子曰 臨之以莊 則敬 孝慈 則忠 擧善而敎不能則勸
자왈 임지이장 즉경 효자 즉충 거선이교불능즉권

季康子問(계강자문) 계강자가 물었다. "**使民敬忠以勸 如之何**(사민경충이권 여지하) 백성으로 하여금 윗사람을 공경하고, 충성스러운 것을 권면하려면 어떻게 해야 합니까?"

子曰 공자께서 말씀하셨다. "**臨之以莊 則敬**(임지이장 즉경) 대하기를 장엄하게 하면 백성들이 공경하고, **孝慈 則忠**(효자 즉충) 효도하고 자애로우면 백성들이 충성하며, **擧善而敎不能則勸**(거선이교불능즉권) 잘하는 사람을 등용해서 능력 없는 사람을 가르치도록 하면 권면될 것입니다."

******

季康子(계강자) 대부 계씨 가문의 영주. 이름은 비(肥). 강(康)은 시호다. **勸**(권) 권면하다. **莊**(장) 엄숙하다. **慈**(자) 자애롭다. **不能**(불능) 능력이 없다.

쓰기

季康子問 使民敬忠以勸 如之何
계강자가 물었다. "백성으로 하여금 윗사람을 공경하고, 충성스러운 것을 권면하려면 어떻게 해야 합니까?"

子曰 臨之以莊 則敬 孝慈 則忠 擧善而敎不能則勸
공자께서 말씀하셨다. "대하기를 장엄하게 하면 백성들이 공경하고, 효도하고 자애로우면 백성들이 충성하며, 잘하는 사람을 등용해서 능력 없는 사람을 가르치도록 하면 권면될 것입니다."

爲政 21

或謂孔子曰 子 奚不爲政 子曰 書云 孝乎
혹위공자왈 자 해불위정 자왈 서운 효호

惟孝 友于兄弟 施於有政 是亦爲政 奚其爲爲政
유효 우우형제 시어유정 시역위정 해기위위정

或謂孔子曰(혹위공자왈) 어떤 이가 공자에게 말했다. "子(자) 선생님은 奚不爲政(해불위정) 어찌하여 정치를 하지 않으십니까?"하자, 子曰 공자께서 말씀하셨다. "書云 孝乎 惟孝(서운 효호 유효) 서경에 '효로다. 오직 효도하며 友于兄弟(우우형제) 형제간에 우애하여 이를 施於有政(시어유정) 정치에 베푼다.'라고 했으니 是亦爲政(시역위정) 이 또한 정치를 하는 것이오. 奚其爲爲政(해기위위정) 어찌 벼슬하는 것만 정치라 할 수 있겠는가?"
****** 或(혹) 어떤 이. 奚(해) 어찌. 어느.

쓰기

或謂孔子曰 子 奚不爲政
어떤 이가 공자에게 말했다. "선생님은 어찌하여 정치를 하지 않으십니까?" 하자,

子曰 書云 孝乎 惟孝 友于兄弟 施於有政 是亦爲政 奚其爲爲政

공자께서 말씀하셨다. "서경에 '효로다. 오직 효도하며 형제간에 우애하여 이를 정치에 베푼다.'라고 했으니 이 또한 정치를 하는 것이오. 어찌 벼슬하는 것만 정치라 할 수 있겠는가?"

爲政 22

子曰 人而無信 不知其可也
자왈 인이무신 부지기가야

大車無輗 小車無軏 其何以行之哉
대거무예 소거무월 기하이행지재

子曰 공자께서 말씀하셨다. "人而無信(인이무신) 사람으로서 신뢰가 없으면 不知其可也(부지기가야) 사람 노릇이 가능한지 모르겠다. 大車無輗(대거무예) 큰 수레에 가로지른 나무가 없고, 小車無軏(소거무월) 작은 수레에 멍에막이가 없다면 其何以行之哉(기하이행지재) 어떻게 수레를 끌고 갈 수 있겠는가?"

****** 信(신) 신뢰. 大車(대거) 소가 끄는 큰 짐수레. 소달구지. 輗(예) 수레채 끝의 가로지른 나무. 小車(소거) 밭에서 쓰는 전거(田車), 군사용 사두마차 병거(兵車), 여행용 수레 승거(乘車)를 다 통칭. 軏(월) 수레채의 멍에를 매는 끝부분.

大車無輗 小車無軏(대거무예 소거무월) 소와 수레는 본래 서로 다른 사물일 뿐이지만 예나 월로써 묶어 하나가 되어 함께 한다. 이를 신(信)에 비유한 것. 나와 너는 믿음으로 굳게 결속되어야 함께 할 수 있는 것이다.

쓰기

子曰 人而無信 不知其可也
공자께서 말씀하셨다. "사람으로서 신뢰가 없으면 사람 노릇이 가능한지 모르겠다.

子曰 人而無信 不知其可也

大車無輗 小車無軏 其何以行之哉
큰 수레에 가로지른 나무가 없고, 작은 수레에 멍에막이가 없다면 어떻게 수레를 끌고 갈 수 있겠는가?"

大車無輗 小車無軏
其何以行之哉

爲政 23

子張問 十世可知也 子曰 殷因於夏禮 所損益可知也
자 장 문 십 세 가 지 야 자 왈 은 인 어 하 례 소 손 익 가 지 야

周因於殷禮 所損益可知也 其或繼周者 雖百世可知也
주 인 어 은 례 소 손 익 가 지 야 기 혹 계 주 자 수 백 세 가 지 야

子張問 자장이 물었다. "**十世可知也**(십세가지야) 열 세대 뒤의 일을 알 수 있습니까?" **子曰** 공자께서 말씀하셨다. "**殷因於夏禮**(은인어하례) 은나라는 하나라의 예를 따랐으니 **所損益可知也**(소손익가지야) 덜거나 더한 것을 알 수 있으며, **周因於殷禮**(주인어은례) 주나라는 은나라의 예를 따랐으니 **所損益可知也**(소손익가지야) 덜거나 더한 것을 알 수 있다. **其或繼周者**(기혹계주자) 혹 주나라를 계승하는 자가 있다면 **雖百世可知也**(수백세가지야) 비록 백 세대 뒤의 일이라도 알 수 있을 것이다."

******

十世(십세) 열 왕조, 또는 열 세대 정도의 시간의 길이. **其或繼周者 雖百世 可知也**(기혹계주자 수백세 가지야) 공자는 주나라를 하와 은의 문물제도를 가감하여 이어받아 완성시킨 완벽한 이상적인 문명으로 간주했다.

쓰기

子張問 十世可知也
자장이 물었다. "열 세대 뒤의 일을 알 수 있습니까?"

子張問 十世可知也

子曰 殷因於夏禮 所損益 可知也
공자께서 말씀하셨다. "은나라는 하나라의 예를 따랐으니 덜거나 더한 것을 알 수 있으며,

子曰 殷因於夏禮
所損益可知也

周因於殷禮 所損益 可知也
주나라는 은나라의 예를 따랐으니 덜거나 더한 것을 알 수 있다.

周因於殷禮 所損益可知也

其或繼周者 雖百世 可知也
혹 주나라를 계승하는 자가 있다면 비록 백 세대 뒤의 일이라도 알 수 있을 것이다."

其或繼周者 雖百世可知也

爲政 24

子曰 非其鬼而祭之 諂也 見義不爲 無勇也
자 왈 비 기 귀 이 제 지 첨 야 견 의 불 위 무 용 야

子曰 공자께서 말씀하셨다. "非其鬼而祭之(비기귀이제지) 자기가 제사 지내야 할 귀신(조상)이 아닌데도 제사를 지내는 것은 諂也(첨야) 아첨하는 것이고, 見義不爲(견의불위) 의로운 일을 보고서도 하지 않는 것은 無勇也(무용야) 용기가 없는 것이다."

******

其鬼(기귀) 자신의 조상.

쓰기

子曰 非其鬼而祭之 諂也 見義不爲 無勇也
공자께서 말씀하셨다. "자기가 제사 지내야 할 귀신이 아닌데도 제사를 지내는 것은 아첨하는 것이고, 의로운 일을 보고서도 하지 않는 것은 용기가 없는 것이다."

第三篇
八佾

예백 채우기

차곡차곡 진열된
생각은
'죽은' 생각들의 나열이다...

가지런히 진열된 생선이 '살아있는' 것 보지 못했다...

八佾 01

孔子謂季氏 八佾 舞於庭 是可忍也 孰不可忍也
공 자 위 계 씨 팔 일 무 어 정 시 가 인 야 숙 불 가 인 야

孔子謂季氏(공자위계씨) 공자께서 **계씨**에 대해 말씀하셨다. "**八佾 舞於庭**(팔일 무어정) 팔일무를 뜰에서 추게 하니, **是可忍也**(시가인야) 이것을 함부로 할 수 있다면 **孰不可忍也**(숙불가인야) 무슨 일인들 차마 하지 못하겠는가?"

******

謂(위) 평가하다. **八佾**(팔일) 앞뒤좌우 여덟 줄로 늘어서서 모두 64명이 추는 춤으로, 천자에게만 허락되는 춤이다. 제후(諸侯)는 육일무(六佾舞), 대부(大夫)는 사일무(四佾舞), 사(士)는 이일무(二佾舞)를 추도록 허락되어 있던 것이 그 시대의 예였다.

쓰기

孔子謂季氏 八佾 舞於庭 是可忍也 孰不可忍也

공자께서 계씨에 대해 말씀하셨다. "팔일무를 뜰에서 추게 하니, 이것을 함부로 할 수 있다면 무슨 일인들 차마 하지 못하겠는가?"

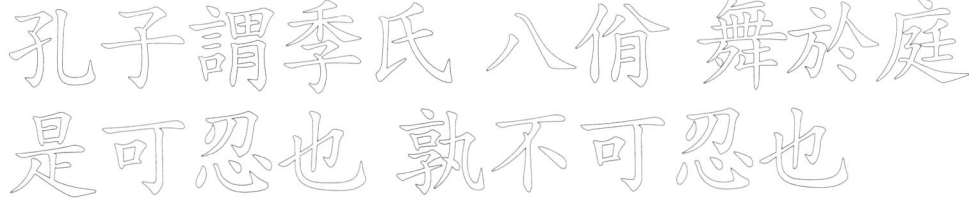

八佾 02

三家者以雍徹 子曰 相維辟公 天子穆穆 奚取於三家之堂
삼 가 자 이 옹 철 자 왈 상 유 벽 공 천 자 목 목 해 취 어 삼 가 지 당

三家者以雍徹(삼가자이옹철) 세 대부(맹손·숙손·계손)의 집안에서 제사를 마친 후 옹을

노래하면서 제기를 거두었다.

子曰 공자께서 말씀하셨다. "*相維辟公*(상유벽공) 제후들이 돕거늘 *天子穆穆*(천자목목) 천자는 엄숙하고 근엄하도다.'라는 노래를 *奚取於三家之堂*(해취어삼가지당) 어찌 삼가의 집안에서 취하는가?"

*****

三家(삼가) 노나라의 실권을 장악하고 있는 세 대부 가문인 맹손(孟孫)·숙손(叔孫)·계손(系孫)씨를 이른다. **雍**(옹) 천자의 종묘제사를 마치고 제기를 거둘 때 부르는 노래. **徹**(철) 제사를 끝내고 제기를 거두는 마무리 단계의 의식. **辟公**(벽공) 천자가 제사를 지내는 자리에 참석한 제후들. **穆穆**(목목) 엄숙하다.

쓰기

三家者以雍徹 子曰 相維辟公 天子穆穆 奚取於三家之堂

세 대부(맹손·숙손·계손)의 집안에서 제사를 마친 후 옹을 노래하면서 제기를 거두었다. 공자께서 말씀하셨다. "'제후들이 돕거늘 천자는 엄숙하고 근엄하도다.'라는 노래를 어찌 삼가의 집안에서 취하는가?"

八佾 03

子曰 人而不仁 如禮何 人而不仁 如樂何
자 왈 인 이 불 인 여 례 하 인 이 불 인 여 악 하

子曰 공자께서 말씀하셨다. "*人而不仁*(인이불인) 사람이면서 인하지 않으면 *如禮何*(여례하) 예인들 무엇하리오? *人而不仁*(인이불인) 사람이면서 인하지 않으면 *如樂何*(여악하) 악인들 무엇하리오?"

******
而(이) ~이면서. 如~何(여~하) ~를 어떻게 하겠는가?

쓰기

子曰 人而不仁 如禮何 人而不仁 如樂何
공자께서 말씀하셨다. "사람이면서 인하지 않으면 예인들 무엇하리오? 사람이면서 인하지 않으면 악인들 무엇하리오?"

八佾 04

林放問禮之本
임 방 문 례 지 본

子曰 大哉問 禮 與其奢也 寧儉 喪 與其易也 寧戚
자 왈 대 재 문 예 여 기 사 야 영 검 상 여 기 이 야 영 척

林放問禮之本(임방문례지본) **임방**이 예의 근본에 대하여 물었다. 子曰 공자께서 말씀하셨다. "大哉問(대재문) 훌륭하도다, 질문이여! 禮 與其奢也 寧儉(예 여기사야 영검) 예는 사치하기보다는 차라리 검소한 것이 낫고, 喪 與其易也 寧戚(상 여기이야 영척) 상은 빈틈없이 잘 치르기보다는 차라리 슬퍼하는 것이 낫다."
****** 林放(임방) 노나라 사람. 자는 자구(子丘). 예에 관한 달인으로 이해됨. 與其~寧(여기~영) ~하기보다는 차라리 ~한 것이 낫다. 戚(척) 슬퍼하다.

쓰기

林放問禮之本

임방이 예의 근본에 대하여 물었다.

林放問禮之本

子曰 大哉問 禮 與其奢也 寧儉 喪 與其易也 寧戚
공자께서 말씀하셨다. "훌륭하도다, 질문이여! 예는 사치하기보다는 차라리 검소한 것이 낫고, 상은 빈틈없이 잘 치르기보다는 차라리 슬퍼하는 것이 낫다."

八佾 05

子曰 夷狄之有君 不如諸夏之亡也
자 왈 이 적 지 유 군 불 여 제 하 지 무 야

子曰 공자께서 말씀하셨다. "夷狄之有君(이적지유군) 오랑캐에게 임금이 있다 해도 그것은 不如諸夏之亡也(불여제하지무야) 중원의 군주가 없는 것만 못하다."
****** 夷狄(이적) 오랑캐 나라. 諸夏(제하) 중원의 여러 제후국. 亡(무) 없다. 무(無)와 통용.

쓰기

子曰 夷狄之有君 不如諸夏之亡也
공자께서 말씀하셨다. "오랑캐에게 임금이 있다 해도 그것은 중원의 군주가 없는 것만 못하다."

八佾 06

季氏旅於泰山 子謂冉有曰 女弗能救與
계씨려어태산 자위염유왈 여불능구여

對曰 不能 子曰 嗚呼 曾謂泰山不如林放乎
대왈 불능 자왈 오호 증위태산불여임방호

季氏旅於泰山(계씨려어태산) 계씨가 태산에서 여제를 지냈다. 子謂冉有曰(자위염유왈) 공자께서 염유에게 말씀하셨다. "女弗能救與(여불능구여) 네가 바로잡을 수 없었는가?" 對曰(대왈) 염유가 대답했다. "不能(불능) 할 수 없었습니다." 子曰 공자께서 말씀하셨다. "嗚呼 曾謂泰山不如林放乎(오호 증위태산불여임방호) 아아! 일찍이 태산의 신이 **임방**만도 못하다는 말인가?"

****** 旅(여) 천자가 지내는 제사 명칭. 冉有(염유) 공자의 제자로 이름은 구(求). 당시 계씨의 가신이었다.

쓰기

季氏旅於泰山 子謂冉有曰 女弗能救與
계씨가 태산에서 여제를 지냈다. 공자께서 염유에게 말씀하셨다. "네가 바로잡을 수 없었는가?"

對曰 不能 子曰 嗚呼 曾謂泰山不如林放乎
염유가 대답했다. "할 수 없었습니다." 공자께서 말씀하셨다. "아아! 일찍이 태산의 신이 임방만도 못하다는 말인가?"

八佾 07

子曰 君子無所爭 必也射乎
자왈 군자무소쟁 필야사호

揖讓而升 下而飮 其爭也君子
읍양이승 하이음 기쟁야군자

子曰 공자께서 말씀하셨다. "**君子無所爭**(군자무소쟁) 군자는 다투는 일이 없다. **必也射乎**(필야사호) 굳이 다툰다 하면 활쏘기일 것이다. **揖讓而升**(읍양이승) 상대방에게 읍하고 사양하면서 당에 오르고, **下而飮**(하이음) 당을 내려와서는 벌주를 마신다. **其爭也君子**(기쟁야군자) 이런 다툼이야말로 군자답지 아니한가."
****** 爭(쟁) 다투다. 싸우다. 射(사) 활쏘기. 揖讓(읍양) 짝을 지어 나아가 세 번 읍하는 것. 飮(음) 마시다.

쓰기

子曰 君子無所爭 必也射乎
공자께서 말씀하셨다. "군자는 다투는 일이 없다. 굳이 다툰다 하면 활쏘기일 것이다.

揖讓而升 下而飮 其爭也君子
상대방에게 읍하고 사양하면서 당에 오르고, 당을 내려와서는 벌주를 마신다. 이런 다툼이야말로 군자답지 아니한가."

揖讓而升 下而飮 其爭也君子

八佾 08

子夏問曰 巧笑倩兮 美目盼兮 素以爲絢兮 何謂也
자하문왈 교소천혜 미목반혜 소이위현혜 하위야

子曰 繪事後素 曰 禮後乎
자왈 회사후소 왈 예후호

子曰 起予者 商也 始可與言詩已矣
자왈 기여자 상야 시가여언시이의

子夏問曰 자하가 여쭈어 말하였다. "巧笑倩兮(교소천혜) 어여쁜 미소에 아름다운 보조개를 짓고, 美目盼兮(미목반혜) 아름다운 눈에 또렷하고 반짝이는 눈동자, 素以爲絢兮(소이위현혜) 흰색으로 광채를 냈구나!라고 했으니, 何謂也(하위야) 무엇을 말한 것입니까?" 子曰 공자께서 말씀하셨다. "繪事後素(회사후소) 그림 그리는 일은 흰 것을 뒤로 한다." 曰 자하가 말하였다. "禮後乎(예후호) 예가 뒤에 오는 것입니까?"
子曰 공자께서 말씀하셨다. "起予者 商也(기여자 상야) 나를 일깨우는 자, 상이로구나. 始可與言詩已矣(시가여언시이의) 비로소 너와 더불어 시를 말할 수 있겠구나."
****** 子夏(자하) 위나라 사람. 성명은 복상(卜商). 공자의 제자로 공문십철(孔門十哲)의 한 사람이며 예와 시에 능했다. 巧笑(교소) 어여쁜 미소. 倩(천) 보조개. 素(소) 하얗다. 絢(현) 무늬. 문채. 繪(회) 그림.

■ 쓰기

子夏問曰 巧笑倩兮 美目盼兮 素以爲絢兮 何謂也
자하가 여쭈어 말하였다. "어여쁜 미소에 아름다운 보조개를 짓고, 아름다운 눈에 또렷하고 반짝이는 눈동자, 흰색으로 광채를 냈구나!라고 했으니, 무엇을 말한 것입니까?"

子曰 繪事後素 曰 禮後乎
공자께서 말씀하셨다. "그림 그리는 일은 흰 것을 뒤로 한다." 자하가 말하였다. "예가 뒤에 오는 것입니까?"

子曰 起予者 商也 始可與言詩已矣
공자께서 말씀하셨다. "나를 일깨우는 자, 상이로구나. 비로소 너와 더불어 시를 말할 수 있겠구나."

八佾 09

子曰 夏禮 吾能言之 杞不足徵也 殷禮 吾能言之
자 왈 하 례 오 능 언 지 기 부 족 징 야 은 례 오 능 언 지

宋不足徵也 文獻不足故也 足則吾能徵之矣
송 부 족 징 야 문 헌 부 족 고 야 족 즉 오 능 징 지 의

子曰 공자께서 말씀하셨다. "夏禮 吾能言之(하례 오능언지) 하나라의 예를 내가 말할 수는 있으나 杞不足徵也(기부족징야) 기나라에서 증험으로 삼을 만한 것이 부족하고, 殷禮 吾能言之(은례 오능언지) 은나라의 예 또한 내가 말할 수 있으나 宋不足徵也(송부족징야) 송나라에서 증험으로 삼을 만한 것이 부족하다.
文獻不足故也(문헌부족고야) 문헌이 부족하기 때문이다. 足則吾能徵之矣(족즉오능징지의) 그런 자료가 충분하다면 내가 증명해낼 수 있을 것이다."
******
杞(기) 하(夏)의 후예들이 세운 나라. 宋(송) 은(殷)의 후예들이 세운 나라. 徵(징) 증명하다. 文(문) 전적(典籍). 獻(헌) 옛 전승을 잘 지켜 간직한 현명한 이.

쓰기

子曰 夏禮 吾能言之 杞不足徵也 殷禮 吾能言之
공자께서 말씀하셨다. "하나라의 예를 내가 말할 수는 있으나 기나라에서 증험으로 삼을 만한 것이 부족하고, 은나라의 예 또한 내가 말할 수 있으나

子曰 夏禮 吾能言之
杞不足徵也 殷禮 吾能言之

宋不足徵也 文獻不足故也 足則吾能徵之矣 송나라에서 증험으로 삼을 만한 것이 부족하다. 문헌이 부족하기 때문이다. 그런 자료가 충분하다면 내가 증명해낼 수 있을 것이다."

宋不足徵也 文獻不足故也
足則吾能徵之矣

八佾 10

子曰 禘自旣灌而往者 吾不欲觀之矣
자 왈 체 자 기 관 이 왕 자 오 불 욕 관 지 의

子曰 공자께서 말씀하셨다. "禘自旣灌而往者(체자기관이왕자) 체제사에서, 울창주를 따르는 의식 이후부터는 吾不欲觀之矣(오불욕관지의) 나는 현행의 체제사를 보고 싶지 않다."

****** 禘(체) 군주가 선조의 위패들을 모신 태묘에서 드리는 대제. 灌(관) 신을 부르는 최초의 제식으로 강신주(降神酒)를 땅에 붓는 의식. 이때 쓰이는 강신주를 울창주(鬱鬯酒)라 한다.

쓰기

子曰 禘自旣灌而往者 吾不欲觀之矣
공자께서 말씀하셨다. "체제사에서, 울창주를 따르는 의식 이후부터는 나는 현행의 체제사를 보고 싶지 않다."

子曰 禘自旣灌而往者

吾不欲觀之矣

八佾 11

或問禘之說 子曰 不知也
혹문체지설 자왈 부지야

知其說者之於天下也 其如示諸斯乎 指其掌
지기설자지어천하야 기여시저사호 지기장

或問禘之說(혹문체지설) 어떤 사람이 체제사에 대한 설명을 물었다. **子曰** 공자께서 말씀하셨다. "**不知也**(부지야) 알지 못하오. **知其說者之於天下也**(지기설자지어천하야) 그 내용을 아는 자는 천하를 대함에 있어, **其如示諸斯乎**(기여시저사호) 이것을 보는 것과 같을 것이오." 그리고 **指其掌**(지기장) 자신의 손바닥을 가리켰다.

****** **其掌**(기장) 자신의 손바닥.

쓰기

或問禘之說 子曰 不知也
어떤 사람이 체제사에 대한 설명을 물었다. 공자께서 말씀하셨다. "알지 못하오.

知其說者之於天下也 其如示諸斯乎 指其掌
그 내용을 아는 자는 천하를 대함에 있어, 이것을 보는 것과 같을 것이오." 그리고 자신의 손바닥을 가리켰다.

八佾 12

祭如在 祭神如神在 子曰 吾不與祭 如不祭
제 여 재 제 신 여 신 재 자 왈 오 불 여 제 여 부 제

祭如在(제여재) 제사를 지낼 때는 있는 것 같이 하라는 것은, 祭神如神在(제신여신재) 신에게 제사를 지낼 때는 마치 신이 계신 듯 하라는 뜻이다. 子曰 공자께서 말씀하셨다. "吾不與祭(오불여제) 내가 제사에 참여하지 않으면 如不祭(여부제) 제사를 지내지 않은 것과 같다."
****** 與祭(여제) 제사에 참여하다.

쓰기

祭如在 祭神如神在 子曰 吾不與祭 如不祭
제사를 지낼 때는 있는 것 같이 하라는 것은, 신에게 제사를 지낼 때는 마치 신이 계신 듯이 하라는 뜻이다.

子曰 吾不與祭 如不祭
공자께서 말씀하셨다. "내가 제사에 참여하지 않으면 제사를 지내지 않은 것과 같다."

八佾 13

王孫賈問曰 與其媚於奧 寧媚於竈 何謂也
왕 손 가 문 왈 여 기 미 어 오 녕 미 어 조 하 위 야

子曰 不然 獲罪於天 無所禱也
자 왈 불 연 획 죄 어 천 무 소 도 야

王孫賈問曰(왕손가문왈) 왕손가가 여쭈어 말하였다. "與其媚於奧(여기미어오) 아랫목 신에게 잘 보이기보다는 寧媚於竈(녕미어조) 차라리 부뚜막 신에게 잘 보이는 것이 낫다.'라고 하는데, 何謂也(하위야) 이것은 무슨 뜻입니까?"
子曰 공자께서 말씀하셨다. "不然(불연) 그렇지 않소이다. 獲罪於天(획죄어천) 하늘에 죄를 지으면 無所禱也(무소도야) 빌 곳이 없습니다."
****** 王孫賈(왕손가) 위나라의 대부. 위령공(衛靈公)을 보필한 현신(賢臣) 셋 중 한 사람. 與其 ~ 寧(여기~녕) ~하기보다는 차라리 ~가 낫다. 媚(미) 아첨하다. 奧(오) 아랫목. 竈(조) 부엌. 禱(도) 기도.

쓰기

王孫賈問曰 與其媚於奧 寧媚於竈 何謂也
왕손가가 물어 말하였다. "'아랫목 신에게 잘 보이기보다는 차라리 부뚜막 신에게 잘 보이는 것이 낫다.'라고 하는데, 이것은 무슨 뜻입니까?"

子曰 不然 獲罪於天 無所禱也
공자께서 말씀하셨다. "그렇지 않소이다. 하늘에 죄를 지으면 빌 곳이 없습니다."

八佾 14

子曰 周監於二代 郁郁乎文哉 吾從周
자왈 주감어이대 욱욱호문재 오종주

子曰 공자께서 말씀하셨다. "周監於二代(주감어이대) 주나라는 하나라와 은나라, 이 대를 거울삼았으니, 郁郁乎文哉(욱욱호문재) 찬란하구나, 그 문화여! 吾從周(오종주) 나는 주나라를 따르겠다."

****** 監(감) 거울삼다. 郁郁(욱욱) 성대하고 찬란하다.

쓰기

子曰 周監於二代 郁郁乎文哉 吾從周
공자께서 말씀하셨다. "주나라는 하나라와 은나라, 이대를 거울삼았으니, 찬란하구나, 그 문화여! 나는 주나라를 따르겠다."

八佾 15

子入大廟 每事問 或曰 孰謂鄹人之子知禮乎
자 입 태 묘 매 사 문 혹 왈 숙 위 추 인 지 자 지 례 호
入大廟 每事問 子聞之 曰 是禮也
입 태 묘 매 사 문 자 문 지 왈 시 례 야

子入大廟 每事問(자입태묘 매사문) 공자께서 태묘에 들어가 제사를 지낼 때 매사를 물었다. 或曰 어떤 사람이 말했다. "孰謂鄹人之子知禮乎(숙위추인지자지례호) 누가 추인의 아들이 예를 안다고 했는가? 入大廟(입태묘) 태묘에 들어와서 매사를 묻는구나." 子聞之(자문지) 曰 공자께서 그 말을 들으시고 말씀하셨다. "是禮也(시례야) 묻는 것이 곧 예다."

****** 大廟(태묘) 노나라 주공의 사당. 태묘는 천자가 제사를 모시는 곳이다. 孰(숙) 누구. 鄹人(추인) 공자의 아버지 숙량흘을 지칭하는 말.

쓰기

子入大廟 每事問 或曰 孰謂鄹人之子知禮乎
공자께서 태묘에 들어가 제사를 지낼 때 매사를 물었다. 어떤 사람이 말했다. "누가 추인의 아들이 예를 안다고 했는가?

入大廟 每事問 子聞之 曰 是禮也
태묘에 들어와서 매사를 묻는구나." 공자께서 그 말을 들으시고 말씀하셨다. "묻는 것이 곧 예다."

八佾 16

子曰 射不主皮 爲力不同科 古之道也
자 왈 사 부 주 피 위 력 부 동 과   고 지 도 야

子曰 공자께서 말씀하셨다. "射不主皮(사부주피) 활쏘기는 과녁의 가죽을 뚫는 것을 위주로 하지 않고, 爲力不同科(위력부동과) 힘을 쓰는 것은 획일적으로 등급을 매기지 않는다. 古之道也(고지도야) 이게 곧 옛사람의 도이다."
****** 皮(피) 가죽. 科(과) 등급.

쓰기

子曰 射不主皮 爲力不同科 古之道也
공자께서 말씀하셨다. "활쏘기는 과녁의 가죽을 뚫는 것을 자랑삼지 않고, 힘을 쓰는 것은 획일적으로 등급을 매기지 않는다. 이게 곧 옛사람의 도이다."

子曰 射不主皮 爲力不同科
古之道也

八佾 17

子貢欲去告朔之餼羊 子曰 賜也 爾愛其羊 我愛其禮
자 공 욕 거 곡 삭 지 희 양 자 왈 사 야 이 애 기 양 아 애 기 례

子貢欲去告朔之餼羊(자공욕거곡삭지희양) 자공이 초하룻날을 알리는 제식에 바치는 희생양 제도를 없애려고 했다. **子曰** 공자께서 말씀하셨다. "**賜也**(사야) 사야! **爾愛其羊**(이애기양) 너는 그 양을 아끼는구나, **我愛其禮**(아애기례) 나는 그 예를 아끼노라."

******

告朔(곡삭) 매월 초하루에 임금이 종묘에 나아가 희생제물을 바치고 오늘이 몇 월의 시작임을 선조의 신께 고하는 제사의 풍속. **爾**(이) 너.

쓰기

子貢欲去告朔之餼羊
자공이 초하룻날을 알리는 제식에 바치는 희생양 제도를 없애려고 했다.

子貢欲去告朔之餼羊

子曰 賜也 爾愛其羊 我愛其禮
공자께서 말씀하셨다. "사야! 너는 그 양을 아끼는구나, 나는 그 예를 아끼노라."

我愛其禮

八佾 18

子曰 事君盡禮 人以爲諂也
자왈 사군진례 인이위첨야

子曰 공자께서 말씀하셨다. "**事君盡禮**(사군진례) 임금을 섬김에 예를 다하는 것을 **人以爲諂也**(인이위첨야) 사람들은 아첨한다고 하는구나."
***** 事(사) 섬기다. 盡(진) 정성을 다하다. 以爲(이위) 여기다.

쓰기

子曰 事君盡禮 人以爲諂也
공자께서 말씀하셨다. "임금을 섬김에 예를 다하는 것을 사람들은 아첨한다고 하는구나."

八佾 19

定公問 君使臣 臣事君 如之何
정공문 군사신 신사군 여지하

孔子對曰 君使臣以禮 臣事君以忠
공자대왈 군사신이례 신사군이충

定公問 정공이 물었다. "**君使臣 臣事君 如之何**(군사신 신사군 여지하) 임금이 신하를 부리고, 신하가 임금을 섬기는 것을 어떻게 해야 합니까?" 孔子對曰 공자께서 대답하여 말씀하셨다. "**君使臣以禮**(군사신이례) 임금은 신하 부리기를 예로써 하고, **臣事君**

以忠(신사군이충) 신하는 임금 섬기기를 충으로써 해야 합니다."

****** **定公**(정공) 노나라의 군주이며 이름은 송(宋)이다.

쓰기

定公問 君使臣 臣事君 如之何
정공이 물었다. "임금이 신하를 부리고, 신하가 임금을 섬기는 것을 어떻게 해야 합니까?"

孔子對曰 君使臣以禮 臣事君以忠
공자께서 대답하셨다. "임금은 신하 부리기를 예로써 하고, 신하는 임금 섬기기를 충으로써 해야 합니다."

八佾 20

子曰 關雎 樂而不淫 哀而不傷
자 왈 관 저 낙이불음 애이불상

子曰 공자께서 말씀하셨다. "**關雎**(관저) (시경의) '관저' 편은 **樂而不淫**(낙이불음) 즐거우면서도 음란하지 않고, **哀而不傷**(애이불상) 슬프면서도 상심하게 하지 않는다."

******

關雎(관저) 시경은 풍(風)·아(雅)·송(頌) 세 장르로 구성된다. 풍風은 주나라의 각 제후국들의 민요, 아雅는 귀족의 노래, 송頌은 종묘제례악이다. 관저는 주남(周南)·국풍(國風)으로 시경의 첫 편이다.

■ 쓰기

子曰 關雎 樂而不淫 哀而不傷
공자께서 말씀하셨다. "(시경의) '관저' 편은 즐거우면서도 음란하지 않고, 슬프면서도 상심하게 하지 않는다."

子曰
關雎 樂而不淫 哀而不傷

 21

哀公問社於宰我
애공문사어재아

宰我對曰 夏后氏以松 殷人以柏 周人以栗 曰 使民戰栗
재아대왈 하후씨이송 은인이백 주인이률 왈 사민전률

子聞之 曰 成事不說 遂事不諫 旣往不咎
자문지 왈 성사불설 수사불간 기왕불구

哀公問社於宰我(애공문사어재아) 애공이 사에 대해 재아에게 물었다.
宰我對曰(재아대왈) 재아가 대답하여 말했다. "夏后氏以松(하후씨이송) 하후씨는 소나무를 사용했고, 殷人以柏(은인이백) 은나라 사람들은 측백나무를 사용했으며, 周人以栗(주인이률) 주나라 사람들은 밤나무를 사용했습니다. 曰 使民戰栗(왈 사민전률) '밤나무를 쓴 것은 백성들로 하여금 전률케 하기 위한 것이었다.'고 합니다."
子聞之 曰 공자께서 들으시고 말씀하셨다. "成事不說(성사불설) 이미 이루어진 일은 말하지 않으며, 遂事不諫(수사불간) 끝난 일은 따지지 않으며, 旣往不咎(기왕불구) 이미 지나간 일은 탓하지 않겠다."
******
社(사) 토질에 맞는 나무를 심어 신목으로 삼았다. 토지신. 宰我(재아) 성은 재(宰), 이름은 여(予), 자는 자아(子我)이다. 노나라 사람. 자공과 함께 언변의 달인으로 평가받았다. 戰栗(전률) 무서워 벌벌 떠는 모습.

쓰기

哀公問社於宰我 애공이 사에 대해 재아에게 물었다.

哀公問社於宰我

宰我對曰 夏后氏以松 殷人以柏 周人以栗 曰 使民戰栗
재아가 대답하여 말했다. "하후씨는 소나무를 사용했고, 은나라 사람들은 측백나무를 사용했으며, 주나라 사람들은 밤나무를 사용했습니다. '밤나무를 쓴 것은 백성들로 하여금 전률케 하기 위한 것이었다.'고 합니다."

宰我對曰 夏后氏以松
殷人以柏 周人以栗
曰 使民戰栗

子聞之 曰 成事不說 遂事不諫 旣往不咎
공자께서 들으시고 말씀하셨다. "이미 이루어진 일은 말하지 않으며, 끝난 일은 따지지 않으며, 이미 지나간 일은 탓하지 않겠다."

子聞之曰 成事不說
遂事不諫 旣往不咎

八佾 22

《22-1》
子曰 管仲之器小哉 或曰 管仲儉乎
자 왈 관 중 지 기 소 재 혹 왈 관 중 검 호

曰 管氏有三歸 官事不攝 焉得儉 然則管仲知禮乎
왈 관 씨 유 삼 귀 관 사 불 섭 언 득 검 연 즉 관 중 지 례 호

子曰 공자께서 말씀하셨다. "管仲之器小哉(관중지기소재) 관중의 그릇이 작구나." 或曰 그러자 어떤 사람이 말했다. "管仲儉乎(관중검호) 관중은 검소했습니까?"
曰 공자께서 말씀하셨다. "管氏有三歸(관씨유삼귀) 관씨는 부인을 셋이나 두었으며 官事不攝(관사불섭) 관리의 일을 겸임시키지 않았으니 焉得儉(언득검) 어찌 검소했다고 하겠는가?" "然則管仲知禮乎(연즉관중지례호) 그래도 관중은 예를 아는 사람이지 않았을까요?"

******

管仲(관중) 춘추시대 제(齊)나라의 명재상이자 대정치가. 환공을 도와 군사력의 강화, 상업·수공업의 육성을 통하여 부국강병을 꾀하였다. 三歸(삼귀) 세 명의 부인을 두다. 攝(섭) 겸하다. 겸임.

쓰기

子曰 管仲之器小哉 或曰 管仲儉乎
공자께서 말씀하셨다. "관중의 그릇이 작구나." 그러자 어떤 사람이 말했다. "관중은 검소했습니까?"

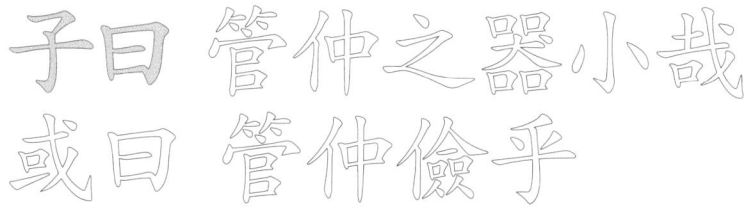

曰 管氏有三歸 官事不攝 焉得儉 然則管仲 知禮乎
공자께서 말씀하셨다. "관씨는 부인을 셋이나 두었으며 관리의 일을 겸임시키지 않았으니 어찌 검소했다고 하겠는가?" "그래도 관중은 예를 아는 사람이지 않았을까요?"

《22-2》

曰 邦君樹塞門 管氏亦樹塞門 邦君爲兩君之好
왈 방군수색문 관씨역수색문 방군위양군지호

有反坫 管氏亦有反坫 管氏而知禮 孰不知禮
유 반점 관씨역유반점 관씨이지례 숙부지례

曰 공자께서 말씀하셨다. "邦君樹塞門(방군수색문) 나라의 임금이어야 나무를 심어 문 안을 가릴 수 있는데 管氏亦樹塞門(관씨역수색문) 관씨도 나무를 심어 문 안을 가렸으며, 邦君爲兩君之好(방군위양군지호) 나라의 임금이어야 두 임금의 우호를 위해 有反坫(유반점) 반점을 두는데 管氏亦有反坫(관씨역유반점) 관씨 또한 반점을 두었으니, 管氏而知禮(관씨이지례) 관씨가 예를 안다고 하면 孰不知禮(숙부지례) 그 누가 예를 알지 못한다고 하겠는가?"

****** 樹塞門(수색문) 문에서 마당 안쪽이 곧바로 보이지 않도록 나무를 심어 문 안을 가리는 것. 관중 당대에는 오직 방군(邦君)에게만 허용됐다. 反坫(반점) 술을 마신 후 술잔을 되돌려놓는 받침대. 두 임금이 만나 우호를 다지기 위해 대청의 동서에 설치했다.

쓰기

曰 邦君樹塞門 管氏亦樹塞門 邦君爲兩君之好 有反坫
공자께서 말씀하셨다. "나라의 임금이어야 나무를 심어 문 안을 가릴 수 있는데 관씨도 나무를 심어 문 안을 가렸으며,

邦君爲兩君之好 有反坫 管氏亦有反坫
나라의 임금이어야 두 임금의 우호를 위해 반점을 두는데 관씨 또한 반점을 두었으니,

管氏亦有反坫

管氏而知禮 孰不知禮 관씨가 예를 안다고 하면 그 누가 예를 알지 못한다고 하겠는가?"

八佾 23

子語魯大師樂 曰 樂其可知也
자 어 노 태 사 악 왈 악 기 가 지 야

始作 翕如也 從之 純如也 皦如也 繹如也 以成
시 작 흡 여 야 종 지 순 여 야 교 여 야 역 여 야 이 성

子語魯大師樂(자어노태사악) 공자께서 노나라의 악관인 태사에게 음악에 대해 말씀하셨다. 曰 이르시길 "樂其可知也(악기가지야) 악곡의 구성은 알만 하다.
始作 翕如也(시작 흡여야) 처음 시작할 때는 가락이 합하여지고, 從之 純如也(종지 순여야) 이어 풀어지면서 여러 악기가 조화를 이루며, 皦如也(교여야) 그러면서 음이 밝아지고 분명해지다가 繹如也(역여야) 서로 이어져 끊어지지 않으면서 以成(이성) 최종의 완성으로 치닫게 된다."
****** 大師(태사) 악관의 명칭. 翕(흡) 합하다. 從(종) 풀어놓다. 純(순) 여러 음색이 화합하는 것. 조화를 이루다. 繹(역) 서로 이어져 끊어지지 않는 것. 成(성) 악곡이 일단락을 맺는 것.

쓰기

子語魯大師樂 曰
공자께서 노나라의 악관인 태사에게 음악에 대해 말씀하셨다. 이르시길

樂其可知也 始作 翕如也
"악곡의 구성은 알만 하다. 처음 시작할 때는 가락이 합하여지고,

從之 純如也 皦如也 繹如也 以成
이어 풀어지면서 여러 악기가 조화를 이루며, 그러면서 음이 밝아지고 분명해지다가 서로 이어져 끊어지지 않으면서 최종의 완성으로 치닫게 된다."

八佾 24

儀封人請見 曰 君子之至於斯也 吾未嘗不得見也
의 봉 인 청 현 왈 군 자 지 지 어 사 야 오 미 상 부 득 현 야

從者見之 出曰 二三子何患於喪乎 天下之無道也久矣
종 자 현 지 출 왈 이 삼 자 하 환 어 상 호 천 하 지 무 도 야 구 의

天將以夫子爲木鐸
천 장 이 부 자 위 목 탁

儀封人請見 曰(의봉인청현 왈) '의' 땅의 국경을 관장하는 관원이 공자를 뵙기를 청하며 말했다. "君子之至於斯也(군자지지어사야) 군자께서 이곳에 이르면 吾未嘗不得見也(오미상부득현야) 내가 일찍이 찾아 뵙지 않은 적이 없었소." 從者見之(종자현지) 공자의 제자들이 뵙게 해주었다. 出曰 그가 뵙고 나와서 말했다.
"二三子何患於喪乎(이삼자하환어상호) 그대들은 어찌 선생님께서 벼슬을 잃고 유랑하심을 걱정하시오? 天下之無道也久矣(천하지무도야구의) 천하에 도가 없어진 지 오래

되었소. **天將以夫子爲木鐸**(천장이부자위목탁) 하늘은 장차 선생님을 목탁으로 삼으실 것이오."

****** **儀**(의) 위나라의 읍. **封人**(봉인) 국경의 관문을 지키는 관원. **二三子**(이삼자) '두서 놈'이라는 뜻으로 '너희들'이라고 좀 낮추어 부르는 친근한 말. **喪**(상) 벼슬을 잃다. **木鐸**(목탁) 사람을 가르쳐 바로 이끌 만한 사람.

■ 쓰기

儀封人請見 曰
'의'땅의 국경을 관장하는 관원이 공자를 뵙기를 청하며 말했다.

君子之至於斯也 吾未嘗不得見也
"군자께서 이곳에 이르면 내가 일찍이 찾아 뵙지 않은 적이 없었소."

從者見之 出曰 공자의 제자들이 뵙게 해주었다. 그가 뵙고 나와서 말했다.

二三子何患於喪乎
"그대들은 어찌 선생님께서 벼슬을 잃고 유랑하심을 걱정하시오?

天下之無道也久矣 천하에 도가 없어진 지 오래되었소.

天下之無道也久矣

天將以夫子爲木鐸
하늘은 장차 선생님을 목탁으로 삼으실 것이오."

天將以夫子爲木鐸

八佾 25

子謂韶 盡美矣 又盡善也 謂武 盡美矣 未盡善也
자 위 소 진 미 의 우 진 선 야 위 무 진 미 의 미 진 선 야

子謂韶(자위소) 공자께서 '소'를 평하셨다. "盡美矣(진미의) 지극히 아름답고 又盡善也(우진선야) 지극히 선하도다." 謂武(위무) '무'를 평하셨다. "盡美矣(진미의) 지극히 아름답지만 未盡善也(미진선야) 지극히 선하지는 않다."

***** 謂(위) 평가하다. 韶(소) 순임금 시대에 지어진 대표적 악곡. 소악(韶樂). 武(무) 주나라 무왕 시대에 만들어진 악곡. 무악(武樂).

쓰기

子謂韶 盡美矣 又盡善也
공자께서 '소'를 평하셨다. "지극히 아름답고 지극히 선하도다."

子謂韶 盡美矣 又盡善也

謂武 盡美矣 未盡善也 '무'를 평하셨다. "지극히 아름답지만 지극히 선하지는 않다."

八佾 26

子曰 居上不寬 爲禮不敬 臨喪不哀 吾何以觀之哉
자 왈 거 상 불 관 위 례 불 경 임 상 불 애 오 하 이 관 지 재

子曰 공자께서 말씀하셨다. "**居上不寬**(거상불관) 윗자리에 있으면서 너그럽지 않고, **爲禮不敬**(위례불경) 예를 행하되 공경스럽지 않으며, **臨喪不哀**(임상불애) 상에 임해서 슬퍼하지 않는다면, **吾何以觀之哉**(오하이관지재) 내가 무엇으로 그를 평하겠는가?"

****** 居上(거상) 윗자리. 지배층. 寬(관) 관대하다. 너그럽다.

쓰기

子曰 居上不寬 爲禮不敬
공자께서 말씀하셨다. "윗자리에 있으면서 너그럽지 않고, 예를 행하되 공경스럽지 않으며,

臨喪不哀 吾何以觀之哉
상에 임해서 슬퍼하지 않는다면, 내가 무엇으로 그를 평가하겠는가?"

여백 채우기

단번에 세상을 '박음질'하려 애쓰지만...

한 땀 한 땀 정성껏 꿰매는 것이 '삶'이다...

里仁 01

子曰 里仁爲美 擇不處仁 焉得之
자왈 이인위미 택불처인 언득지

子曰 공자께서 말씀하셨다. "里仁爲美(이인위미) 마을의 분위기가 인하게 사는 것이 아름답다. 擇不處仁(택불처인) 이런 곳을 택하여 인에 처하지 않는다면 焉得之(언득지) 어찌 지혜롭다고 하겠는가?"

****** 里(리) 마을. 주례의 규정에 따르면 25호의 집이 모여 사는 취락의 규모.

쓰기

子曰 里仁爲美 擇不處仁 焉得之
공자께서 말씀하셨다. "마을의 분위기가 인하게 사는 것이 아름답다. 이런 곳을 택하여 인에 처하지 않는다면 어찌 지혜롭다고 하겠는가?"

里仁 02

子曰 不仁者不可以久處約 不可以長處樂
자왈 불인자불가이구처약 불가이장처락

仁者安仁 知子利仁
인자안인 지자리인

子曰 공자께서 말씀하셨다. "不仁者不可以久處約(불인자불가이구처약) 인하지 못한 자는 오랫동안 곤궁함을 견디지 못하고, 不可以長處樂(불가이장처락) 오랫동안 즐거움

을 지속하지도 못한다. **仁者安仁**(인자안인) 인한 자는 인에서 편안함을 여기고, **知子利仁**(지자리인) 지혜로운 자는 인에서 이로움을 여긴다."
****** **久**(구) 오랫동안. **處**(처) 처하다. 살다. **約**(약) 곤궁하다. **利**(리) 탐하다.

🖊 쓰기

子曰 不仁者不可以久處約 不可以長處樂
공자께서 말씀하셨다. "인하지 못한 자는 오랫동안 곤궁함을 견디지 못하고, 오랫동안 즐거움을 지속하지도 못한다.

仁者安仁 知子利仁 인한 자는 인에서 편안함을 여기고, 지혜로운 자는 인에서 이로움을 취한다."

里仁 03

子曰 惟仁者能好人 能惡人
자 왈 유 인 자 능 호 인 능 오 인

子曰 공자께서 말씀하셨다. "**惟仁者能好人**(유인자능호인) 오직 인한 자라야 사람을 좋아할 수 있으며, **能惡人**(능오인) 또 사람을 미워할 수 있는 것이다."
****** **惟**(유) 오직. **能**(능) ~할 수 있다.

🖊 쓰기

子曰 惟仁者能好人 能惡人
공자께서 말씀하셨다. "오직 인한 자라야 사람을 좋아할 수 있으며, 또 사람을 미워할 수 있는 것이다."

子曰 惟仁者能好人 能惡人

里仁 04

子曰 苟志於仁矣 無惡也
자왈 구지어인의 무악야

子曰 공자께서 말씀하셨다. "苟志於仁矣(구지어인의) 진실로 인에 뜻을 둔다면, 無惡也(무악야) 악을 행하는 일이 없을 것이다."
****** 苟(구) 진실로. 志(지) 오롯이 추구하는 마음.

쓰기

子曰 苟志於仁矣 無惡也
공자께서 말씀하셨다. "진실로 인에 뜻을 둔다면, 악을 행하는 일이 없을 것이다."

里仁 05

子曰 富與貴 是人之所欲也 不以其道得之 不處也
자왈 부여귀 시인지소욕야 불이기도득지 불처야

貧與賤 是人之所惡也 不以其道得之 不去也
빈여천 시인지소오야 불이기도득지 불거야

君子去仁 惡乎成名
군자거인 오호성명

君子無終食之間違仁 造次必於是 顚沛必於是
군자무종식지간위인 조차필어시 전패필어시

子曰 공자께서 말씀하셨다. "富與貴(부여귀) 부유함과 귀함은 是人之所欲也(시인지소욕야) 사람들이 바라는 것이지만 不以其道得之(불이기도득지) 정당한 방법으로 얻지 않으면 처하지 않아야 한다.
貧與賤(빈여천) 가난함과 천함은 是人之所惡也(시인지소오야) 누구나 싫어하는 것이다. 不以其道得之(불이기도득지) 그러나 그것이 정당한 방법으로 얻지 않았다 할지라도 不去也(불거야) 부당한 방법으로 벗어나려고 하지 않아야 한다. 君子去仁(군자거인) 군자가 인을 떠난다면 惡乎成名(오호성명) 어찌 명예로운 이름을 이룰 수 있겠는가?
君子無終食之間違仁(군자무종식지간위인) 군자는 한 끼니를 먹는 시간 동안에도 인을 어김이 없다. 造次必於是(조차필어시) 황급한 순간에도 반드시 인과 더불어 하며, 顚沛必於是(전패필어시) 위급한 순간에도 반드시 인과 더불어 할 뿐이다."
****** 其道(기도) 정당한 방법. 成名(성명) 명예로운 이름. 終食之間(종식지간) 한 끼니를 먹는 시간 동안. 造次(조차) 황급한 순간. 顚沛(전패) 위급한 순간.

■쓰기

子曰 富與貴 是人之所欲也 不以其道得之 不處也
공자께서 말씀하셨다. "부유함과 귀함은 사람들이 바라는 것이지만 정당한 방법으로 얻지 않으면 처하지 않아야 한다.

貧與賤 是人之所惡也 不以其道得之 不去也
가난함과 천함은 누구나 싫어하는 것이다. 그러나 그것이 정당한 방법으로 얻지 않았다 할지라도 부당한 방법으로 벗어나려고 하지 않아야 한다.

君子去仁 惡乎成名
군자가 인을 떠난다면 어찌 명예로운 이름을 이룰 수 있겠는가?

君子去仁 惡乎成名

君子無終食之間違仁 造次必於是 顚沛必於是
군자는 한 끼니를 먹는 시간 동안에도 인을 어김이 없다. 황급한 순간에도 반드시 인과 더불어 하며, 위급한 순간에도 반드시 인과 더불어 할 뿐이다."

里仁 06

子曰 我未見好仁者 惡不仁者
자왈 아미견호인자 오불인자

好仁者 無以尚之 惡不仁者 其爲仁矣
호인자 무이상지 오불인자 기위인의

不使不仁者加乎其身
불사불인자가호기신

有能一日用其力於仁矣乎
유능일일용기력어인의호

我未見力不足者 蓋有之矣 我未之見也
아미견력부족자 개유지의 아미지견야

子曰 공자께서 말씀하셨다. "我未見好仁者 惡不仁者(아미견호인자 오불인자) 나는 아직 인을 좋아하는 자와 불인을 미워하는 자를 보지 못했다.

好仁者(호인자) 인을 좋아하는 자는 無以尙之(무이상지) 이보다 더 할 수 없고, 惡不仁者(오불인자) 불인을 미워하는 자는 其爲仁矣(기위인의) 그 인을 행할 때 不使不仁者加乎其身(불사불인자가호기신) 불인함이 자신의 몸에 물들지 않도록 노력하는 자들이다. 有能一日用其力於仁矣乎(유능일일용기력어인의호) 하루라도 인에 힘을 쓰려고 노력하는 자가 있는가? 我未見力不足者(아미견력부족자) 나는 인함에 쓸 힘이 부족한 자를 본 적이 없다. 蓋有之矣(진유지의) 아마도 그런 자가 있겠지만 我未之見也(아미지견야) 나는 아직 보지 못했다."

****** 尙(상) 가장 높음. 蓋(진) 의문사. '아마도' 정도의 뜻.

子曰 我未見好仁者 惡不仁者
공자께서 말씀하셨다. "나는 아직 인을 좋아하는 자와 불인을 미워하는 자를 보지 못했다.

好仁者 無以尙之 惡不仁者 其爲仁矣
인을 좋아하는 자는 이보다 더 할 수 없고, 불인을 미워하는 자는 그 인을 행할 때

不使不仁者加乎其身
불인함이 자신의 몸에 물들지 않도록 노력하는 자들이다.

有能一日用其力於仁矣乎
하루라도 인에 힘을 쓰려고 노력하는 자가 있는가?

我未見力不足者 蓋有之矣 我未之見也
나는 인함에 쏠 힘이 부족한 자를 본 적이 없다. 아마도 그런 자가 있겠지만 나는 아직 보지 못했다."

里仁 07

子曰 人之過也 各於其黨 觀過 斯知仁矣
자왈 인지과야 각어기당 관과 사지인의

子曰 공자께서 말씀하셨다. "人之過也(인지과야) 사람의 허물은 各於其黨(각어기당) 각각 그 편벽에 기인하니, 觀過(관과) 그 사람의 허물을 보면 斯知仁矣(사지인의) 그 사람의 인함을 알 수 있다." ****** 過(과) 허물. 黨(당) 편벽.

쓰기

子曰 人之過也 各於其黨 觀過 斯知仁矣
공자께서 말씀하셨다. "사람의 허물은 각각 그 편벽에 기인하니, 그 사람의 허물을 보면 그 사람의 인함을 알 수 있다."

里仁 08

子曰 朝聞道 夕死可矣
자 왈 조 문 도 석 사 가 의

子曰 공자께서 말씀하셨다. "朝聞道(조문도) 아침에 도를 들으면 夕死可矣(석사가의) 저녁에 죽어도 여한이 없다."

****** 可(가) 좋다. 朝聞道 夕死可矣(조문도 석사가의) 아침에 도를 들으면 저녁에 죽어도 여한이 없다.

쓰기
子曰 朝聞道 夕死可矣
공자께서 말씀하셨다. "아침에 도를 들으면 저녁에 죽어도 여한이 없다."

里仁 09

子曰 士志於道 而恥惡衣惡食者 未足與議也
자 왈 사 지 어 도 이 치 악 의 악 식 자 미 족 여 의 야

子曰 공자께서 말씀하셨다. "士志於道(사지어도) 선비가 도에 뜻을 두고서도 而恥惡衣惡食者(이치악의악식자) 나쁜 의복과 나쁜 음식을 부끄럽게 여긴다면 未足與議也(미족여의야) 그와 더불어 논할 게 없다."

****** 議(의) 논의하다. 士志於道(사지어도) 선비(관리)는 도(백성을 위해 봉사)에 뜻을 두어야 한다.

쓰기
子曰 士志於道 而恥惡衣惡食者 未足與議也
공자께서 말씀하셨다. "선비가 도에 뜻을 두고서도 나쁜 의복과 나쁜 음식을 부끄럽게 여긴다면 그와 더불어 논할 게 없다."

子曰
士志於道 而恥惡衣惡食者
未足與議也

里仁 10

子曰 君子之於天下也 無適也 無莫也 義之與比
자 왈 군 자 지 어 천 하 야 무 적 야 무 막 야 의 지 여 비

子曰 공자께서 말씀하셨다. "**君子之於天下也**(군자지어천하야) 군자는 세상 일에 대하여 **無適也**(무적야) 가까이 할 것도 없고, **無莫也**(무막야) 멀리 할 것도 없다. **義之與比**(의지여비) 오로지 의를 따를 뿐이다." ****** 適(적) 가까이 함. 莫(막) 멀리 함. 比(비) 따르다.

쓰기

子曰 君子之於天下也 無適也 無莫也 義之與比
공자께서 말씀하셨다. "군자는 세상 일에 대하여 가까이 할 것도 없고, 멀리 할 것도 없다. 오로지 의를 따를 뿐이다."

里仁 11

子曰 君子懷德 小人懷土 君子懷刑 小人懷惠
자 왈 군 자 회 덕 소 인 회 토 군 자 회 형 소 인 회 혜

子曰 공자께서 말씀하셨다. "君子懷德(군자회덕) 군자는 큰 덕을 생각하고, 小人懷土(소인회토) 소인은 편안한 삶의 터전을 생각한다. 君子懷刑(군자회형) 군자는 법의 두려움을 생각하고, 小人懷惠(소인회혜) 소인은 혜택 받을 것을 생각한다."

****** 懷(회) 생각하며 그리워하다. 土(토) 땅과 재물 같은 삶의 터전.

쓰기

子曰 君子懷德 小人懷土 君子懷刑 小人懷惠

공자께서 말씀하셨다. "군자는 큰 덕을 생각하고, 소인은 편안한 삶의 터전을 생각한다. 군자는 법의 두려움을 생각하고, 소인은 혜택 받을 것을 생각한다."

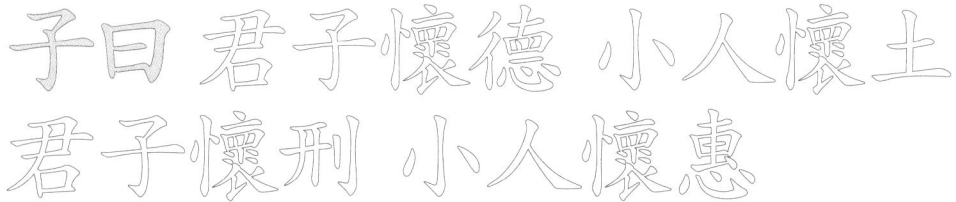

里仁 12

子曰 放於利而行 多怨
　자 왈　방 어 리 이 행　다 원

子曰 공자께서 말씀하셨다. "放於利而行(방어리이행) 이익에 질질 끌려 행동하면 多怨(다원) 원망이 많다."

******

放(방) 질질 끌려 다니다. 利行多怨(이행다원) 이익을 좇으면 원망이 많다.

쓰기

子曰 放於利而行 多怨

공자께서 말씀하셨다. "이익에 따라 행동하면 원망이 많다."

里仁 13

子曰 能以禮讓爲國乎 何有 不能以禮讓爲國 如禮何
자왈 능이례양위국호 하유 불능이례양위국 여례하

子曰 공자께서 말씀하셨다. "**能以禮讓爲國乎**(능이례양위국호) 예와 겸양으로 나라를 다스릴 수 있다면 **何有**(하유) 무슨 어려움이 있겠는가? **不能以禮讓爲國**(불능이례양위국) 예와 겸양으로 나라를 다스릴 수 없다면 **如禮何**(여례하) 예를 어떻게 하겠는가?"
****** 讓(양) 사양하다. 何有(하유) 하난지유(何難之有, 아무것도 어려울 것이 없다는 뜻)의 준말. 무슨 어려움이 있겠는가?

쓰기

子曰 能以禮讓爲國乎 何有 不能以禮讓爲國 如禮何
공자께서 말씀하셨다. "예와 겸양으로 나라를 다스릴 수 있다면 무슨 어려움이 있겠으며, 예와 겸양으로 나라를 다스릴 수 없다면 예를 어떻게 하겠는가?"

子曰 能以禮讓爲國乎 何有
不能以禮讓爲國 如禮何

里仁 14

子曰 不患無位 患所以立 不患莫己知 求爲可知也
자왈 불환무위 환소이립 불환막기지 구위가지야

子曰 공자께서 말씀하셨다. "**不患無位**(불환무위) 지위가 없음을 걱정하지 말고, **患所以立**(환소이립) 무엇으로 설 것인지를 걱정하라. **不患莫己知**(불환막기지) 자신을 알아주는 자가 없음을 걱정하지 말고, **求爲可知也**(구위가지야) 알아줄 만한 사람이 되기를

구하라."

****** 位(위) 지위. 求爲可知(구위가지) 남들이 자신을 알아줄 실력을 갖추다.

쓰기

子曰 不患無位 患所以立 不患莫己知 求爲可知也

공자께서 말씀하셨다. "지위가 없음을 걱정하지 말고, 무엇으로 설 것인지를 걱정하라. 자신을 알아주는 자가 없음을 걱정하지 말고, 알아줄 만한 사람이 되기를 구하라."

里仁 15

子曰 參乎 吾道一以貫之
자 왈 삼 호 오 도 일 이 관 지

曾子曰 唯 子出 門人問曰 何謂也
증 자 왈 유 자 출 문 인 문 왈 하 위 야

曾子曰 夫子之道 忠恕而已矣
증 자 왈 부 자 지 도 충 서 이 이 의

子曰 공자께서 말씀하셨다. "參乎 삼아, 吾道一以貫之(오도일이관지) 나의 도는 하나로 모든 것을 꿰뚫고 있다." 曾子曰 증자가 대답했다. "唯(유) 그렇습니다."
子出 공자께서 나가시니 門人問曰(문인문왈) 문인들이 물었다. "何謂也(하위야) 무엇을 말씀하신 것입니까?" 曾子曰 증자가 말했다. "夫子之道 忠恕而已矣(부자지도 충서이이의) 선생님의 도는 충과 서일 뿐입니다."

******
唯(유) 그렇습니다. 而已矣(이이의) ~할 뿐이다. 一以貫之(일이관지) 하나로 모든 것을 꿰뚫다.

쓰기

子曰 參乎 吾道一以貫之
공자께서 말씀하셨다. "삼아, 나의 도는 하나로 모든 것을 꿰뚫고 있다."

曾子曰 唯 子出 門人問曰 何謂也
증자가 대답했다. "그렇습니다." 공자께서 나가시니 문인들이 물었다. "무엇을 말씀하신 것입니까?"

曾子曰 夫子之道 忠恕而已矣
증자가 말했다. "선생님의 도는 충과 서일뿐입니다."

里仁 16

子曰 君子喩於義 小人喩於利
자왈 군자유어의 소인유어리

子曰 공자께서 말씀하셨다. "**君子喩於義**(군자 유어의) 군자는 의에서 깨닫고, **小人喩於利**(소인유어리) 소인은 이에서 깨닫는다."
****** **義**(의) 천리의 마땅함. **利**(리) 이기적인 욕망.

쓰기

子曰 君子喩於義 小人喩於利
공자께서 말씀하셨다. "군자는 의에서 깨닫고, 소인은 이에서 깨닫는다."

子曰
君子喩於義 小人喩於利

子曰 見賢思齊焉 見不賢而內自省也
자왈 견현사제언 견불현이내자성야

子曰 공자께서 말씀하셨다. "**見賢思齊焉**(견현사제언) 어진 이를 보면 그와 같아질 것을 생각하고, **見不賢而內自省也**(견불현이내자성야) 어질지 못한 이를 보면 안으로 스스로를 되돌아본다."
****** 齊(제) 같아지다. 省(성) 살피다. 성찰하다.

쓰기

子曰 見賢思齊焉
공자께서 말씀하셨다. "어진 이를 보면 그와 같아질 것을 생각하고,

子曰 見賢思齊焉

見不賢而內自省也
어질지 못한 이를 보면 안으로 스스로를 되돌아 본다."

里仁 18

子曰 事父母幾諫 見志不從 又敬不違 勞而不怨
자왈 사부모기간 견지부종 우경불위 노이불원

子曰 공자께서 말씀하셨다. "**事父母幾諫**(사부모기간) 부모를 섬기되 은미하게 간해야 한다. **見志不從**(견지부종) 부모의 뜻이 내 말을 따르지 않음을 보더라도 **又敬不違**(우경불위) 더욱 공경하여 어기지 않으며, **勞而不怨**(노이불원) 그것이 힘들어도 원망하지 않아야 한다."
****** **幾諫**(기간) 은미하게 간하다. **勞而不怨**(노이불원) 힘들어도 원망해서는 안 된다.

쓰기

子曰 事父母幾諫 見志不從 又敬不違 勞而不怨
공자께서 말씀하셨다. "부모를 섬기되 은미하게 간해야 한다. 부모의 뜻이 내 말을 따르지 않음을 보더라도 더욱 공경하여 어기지 않으며, 그것이 힘들어도 원망하지 않아야한다."

里仁 19

子曰 父母在 不遠遊 遊必有方
자왈 부모재 불원유 유필유방

子曰 공자께서 말씀하셨다. "**父母在**(부모재) 부모가 살아 계실 때에는 **不遠遊**(불원유) 멀리 가서 놀지 말며, **遊必有方**(유필유방) 놀러 갈 때에는 반드시 부모님께 갈 곳을 말씀드려야 한다."

쓰기

子曰 父母在 不遠遊 遊必有方 공자께서 말씀하셨다. "부모가 살아 계실 때에는 멀리 가서 놀지 말며, 놀러 갈 때에는 반드시 부모님께 갈 곳을 말씀드려야 한다."

子曰
父母在 不遠遊 遊必有方

里仁 20

子曰 三年無改於父之道 可謂孝矣
자왈 삼년무개어부지도 가위효의

子曰 공자께서 말씀하셨다. "三年無改於父之道(삼년무개어부지도) 삼 년 동안 아버지의 방식을 고치지 않아야 可謂孝矣(가위효의) 효라 이를 만하다."

쓰기

子曰 三年無改於父之道 可謂孝矣
공자께서 말씀하셨다. "삼 년 동안 아버지의 방식을 고치지 않아야 효라 이를 만하다."

子曰 三年無改於父之道
可謂孝矣

里仁 21

子曰 父母之年 不可不知也 一則以喜 一則以懼
자왈 부모지년 불가부지야 일즉이희 일즉이구

子曰 공자께서 말씀하셨다. "父母之年 不可不知也(부모지년 불가부지야) 부모의 나이는 알지 않으면 안된다. 一則以喜(일즉이희) 한편으로는 그 때문에 기쁘고, 一則以懼(일즉이구) 한편으로는 그 때문에 두렵다."

> 쓰기

子曰 父母之年 不可不知也 一則以喜 一則以懼
공자께서 말씀하셨다. "부모의 나이는 알지 않으면 안된다. 한편으로는 그 때문에 기쁘고, 한편으로는 그 때문에 두렵다."

里仁 22

子曰 古者言之不出 恥躬之不逮也
자 왈 고 자 언 지 불 출 치 궁 지 불 체 야

子曰 공자께서 말씀하셨다. "古者言之不出(고자언지불출) 옛사람들이 말을 함부로 하지 않았던 것은, 恥躬之不逮也(치궁지불체야) 실천함이 거기에 미치지 못할까 부끄러워해서다."

> 쓰기

子曰 古者言之不出 恥躬之不逮也
공자께서 말씀하셨다. "옛사람들이 말을 함부로 하지 않았던 것은, 실천함이 거기에 미치지 못할까 부끄러워해서다."

里仁 23

子曰 以約失之者 鮮矣
자 왈 이 약 실 지 자 선 의

子曰 공자께서 말씀하셨다. "以約失之者(이약실지자) 절제함으로써 잃는 자는 鮮矣(선의) 드물다." ****** 約(약) 잘난 체하며 스스로 방자하게 행동하지 않는 것.

쓰기

子曰 以約失之者 鮮矣 공자께서 말씀하셨다. "절제함으로써 잃는 자는 드물다."

里仁 24

子曰 君子欲訥於言 而敏於行
자 왈 군 자 욕 눌 어 언 이 민 어 행

子曰 공자께서 말씀하셨다. "君子欲訥於言(군자욕눌어언) 군자는 말은 어눌하게 하고, 而敏於行(이민어행) 행동은 민첩하게 한다."
****** 訥(눌) 어눌하다. 敏(민) 민첩하다. 訥言敏行(눌언민행) 말은 어눌해도 행동은 민첩하게 한다.

子曰 君子欲訥於言 而敏於行 공자께서 말씀하셨다. "군자는 말은 어눌하게 하고, 행동은 민첩하게 한다."

里仁 25

子曰 德不孤 必有隣
자왈 덕불고 필유린

子曰 공자께서 말씀하셨다. "**德不孤**(덕불고) 덕은 외롭지 않다. **必有隣**(필유린) 반드시 이웃이 있기 마련이다." ****** 孤(고) 외롭다. 隣(린) 이웃.

쓰기

子曰 德不孤 必有隣 공자께서 말씀하셨다. "덕은 외롭지 않다. 반드시 이웃이 있기 마련이다."

里仁 26

子游曰 事君數 斯辱矣 朋友數 斯疏矣
자유왈 사군삭 사욕의 붕우삭 사소의

子游曰 자유가 말했다. "**事君數 斯辱矣**(사군삭 사욕의) 임금을 섬김에 너무 자주 간하면 욕을 당하고, **朋友數 斯疏矣**(붕우삭 사소의) 벗에게 너무 자주 충고하면 사이가 멀어진다." ****** 數(삭) 번거롭게 자주 하다. 疏(소) 멀어지다.

쓰기

子游曰 事君數 斯辱矣 朋友數 斯疏矣
자유가 말했다. "임금을 섬김에 너무 자주 간하면 욕을 당하고, 벗에게 너무 자주 충고하면 사이가 멀어진다."

第五篇 公冶長

예백 채우기

公冶長 01

子謂公冶長 可妻也
자 위 공 야 장 가 처 야

雖在縲絏之中 非其罪也 以其子妻之
수 재 류 설 지 중 비 기 죄 야 이 기 자 처 지

子謂南容 邦有道 不廢
자 위 남 용 방 유 도 불 폐

邦無道 免於刑戮 以其兄之子妻之
방 무 도 면 어 형 륙 이 기 형 지 자 처 지

子謂公冶長(자위공야장) 공자께서 **공야장**을 평하셨다. "可妻也(가처야) 사위 삼을 만하다. 雖在縲絏之中(수재류설지중) 비록 검은 포승줄에 묶여 있으나 非其罪也(비기죄야) 그의 죄가 아니다."라 하시고 以其子妻之(이기자처지) 자신의 딸을 **공야장**에게 시집보냈다.

子謂南容(자위남용) 공자께서 **남용**을 평하셨다. "邦有道 不廢(방유도 불폐) 나라에 도가 있으면 버려지지 않을 것이고, 邦無道 免於刑戮(방무도 면어형륙) 나라에 도가 없더라도 형벌은 면할 사람이다."라 하시고 以其兄之子妻之(이기형지자처지) 자신의 형의 딸을 **남용**에게 시집보냈다.

****** **公冶長**(공야장) 성은 공야(公冶), 이름은 장(長)이며, 자는 자장(子長), 자지(子芝)이다. 공자의 제자이자 사위이다. **妻**(처) 시집보내다. 사위 삼다. **縲**(류) 포승줄. 오랏줄. **絏**(설) 묶다. 매다. **南容**(남용) 공자의 제자이다. 성이 맹씨지만 남쪽 궁에서 살았기 때문에 남궁(南宮)이라고도 부른다. 이름은 도(縚), 또는 괄(适)로 부르기도 한다. 자는 자용(子容)이며, 시호가 경숙(敬叔)이니 맹의자의 형이다. -주자 설 **不廢**(불폐) 반드시 기용된다는 뜻. **刑戮**(형륙) 형벌과 사형.

쓰기

子謂公冶長 可妻也
공자께서 공야장을 평하셨다. "사위 삼을 만하다.

子謂公冶長 可妻也

雖在縲絏之中 非其罪也 以其子妻之
비록 검은 포승줄에 묶여 있었으나 그의 죄가 아니다."라고 하시고는 자신의 딸을 그에게 시집보냈다.

子謂南容 邦有道 不廢
공자께서 남용을 평가하셨다. "나라에 도가 있으면 버려지지 않을 것이고,

邦無道 免於刑戮 以其兄之子妻之
나라에 도가 없더라도 형벌은 면할 사람이다."라고 하시고 자신의 형의 딸을 그에게 시집보냈다.

公冶長 02

子謂子賤 君子哉若人 魯無君子者 斯焉取斯
자 위 자 천 군 자 재 약 인 노 무 군 자 자 사 언 취 사

子謂子賤(자위자천) 공자께서 자천을 평하여 말씀하셨다. "君子哉若人(군자재약인) 군

자답구나! 이 사람이여. 魯無君子者(노무군자자) 노나라에 군자의 전통이 없었다면 斯焉取斯(사언취사) 이 사람이 어디에서 이러한 덕을 취했겠는가?"
******
子賤(자천) 공자의 제자. 성은 복(宓)이고 이름은 부제(不齊)다.

쓰기

子謂子賤 君子哉若人 魯無君子者 斯焉取斯
공자께서 자천을 평하여 말씀하셨다. "군자답구나! 이 사람이여. 노나라에 군자의 전통이 없었다면 이 사람이 어디에서 이러한 덕을 취했겠는가?"

公冶長 03

子貢問曰 賜也何如 子曰 女 器也 曰 何器也 曰 瑚璉也
자공문왈 사야하여 자왈 여 기야 왈 하기야 왈 호련야

子貢問曰(자공문왈) 자공이 여쭈어 물었다. "賜也何如(사야하여) 저는 어떻습니까?" 子曰 공자께서 말씀하셨다. "女(여) 너는 器也(기야) 그릇이다."
曰 자공이 이어 "何器也(하기야) 어떤 그릇입니까?"라고 되묻자, 曰 공자께서 말씀하셨다. "瑚璉也(호련야) 호련이다."
******
瑚璉(호련) 종묘제례에서 쓰는 옥으로 장식한 매우 귀한 그릇. 호(瑚)는 하나라의 제기 명칭이고, 련(璉)은 은나라의 제기 명칭이다. 주나라에서는 보궤(簠簋)라 불렀다.

쓰기

子貢問曰 賜也何如 子曰 女器也 曰 何器也 曰 瑚璉也
자공이 여쭈어 물었다. "저는 어떻습니까?" 공자께서 말씀하셨다. "너는 그릇이다." 자공이 이어 "어떤 그릇입니까?"라고 되묻자, 공자께서 말씀하셨다. "호련 그릇이다."

公冶長 04

或曰 雍也仁而不佞
혹왈 옹야인이불녕

子曰 焉用佞 禦人以口給 屢憎於人 不知其仁 焉用佞
자왈 언용녕 어인이구급 누증어인 부지기인 언용녕

或曰 어떤 사람이 말했다. "**雍也仁而不佞**(옹야인이불녕) 옹은 인하지만 말재주가 없습니다." **子曰** 공자께서 말씀하셨다. "**焉用佞**(언용녕) 말재주를 어디에 쓰겠는가? **禦人以口給**(어인이구급) 재주 있는 말솜씨로 남의 말을 막아서 **屢憎於人**(누증어인) 자주 남에게 미움만 살 뿐이니, **不知其仁**(부지기인) 그가 인한지는 알지 못하겠으나 **焉用佞**(언용녕) 말재주를 어디에 쓰겠는가?"

****** **雍**(옹) 성은 염(冉), 이름은 옹(雍), 자는 중궁(仲弓)이다. **佞**(녕) 말재주. 아첨하는 말. **禦**(어) 막다. 남의 말을 가로막다. **給**(급) 넉넉하다. 말 잘하다. **屢**(누) 여러번. 자주. **憎**(증) 미워하다.

쓰기

或曰 雍也仁而不佞
어떤 사람이 말했다. "옹은 인하지만 말재주가 없습니다."

或曰 雍也仁而不佞

子曰 焉用佞 禦人以口給 屢憎於人 不知其仁 焉用佞

공자께서 말씀하셨다. "말재주를 어디에 쓰겠는가? 재주 있는 말솜씨로 남의 말을 막아서 자주 남에게 미움만 살 뿐이니, 그가 인한지는 알지 못하겠으나 말재주를 어디에 쓰겠는가?"

子曰 焉用佞 禦人以口給
屢憎於人 不知其仁 焉用佞

公冶長 05

子使漆雕開仕 對曰 吾斯之未能信 子說
자 사 칠 조 개 사 대 왈 오 사 지 미 능 신 자 열

子使漆雕開仕(자사칠조개사) 공자께서 칠조개로 하여금 벼슬을 하도록 권하셨다. 對曰 칠조개가 대답했다. "吾斯之未能信(오사지미능신) 저는 벼슬에 대해 아직 자신이 없습니다." 子說(자열) 공자께서 기뻐하셨다.

******

使(사) ~로 하여금. 漆雕開(칠조개) 공자의 제자로 성은 칠조(漆雕), 이름은 개(開).

쓰기

子使漆雕開仕 對曰 吾斯之未能信 子說

공자께서 칠조개로 하여금 벼슬을 하도록 권하셨다. 칠조개가 대답했다. "저는 벼슬에 대해 아직 자신이 없습니다." 공자께서 기뻐하셨다.

子使漆雕開仕

對曰 吾斯之未能信 子說

公冶長 06

子曰 道不行 乘桴浮于海 從我者 其由與 子路聞之喜
자왈 도불행 승부부우해 종아자 기유여 자로문지희

子曰 由也好勇過我 無所取材
자왈 유야호용과아 무소취재

子曰 공자께서 말씀하셨다. "**道不行**(도불행) 나의 도가 행해지지 않는구나. **乘桴浮于海**(승부부우해) 뗏목을 타고 바다에 둥실둥실 떠 있고 싶다. **從我者 其由與**(종아자 기유여) 이럴 때 나를 따를 자는 오직 유일 것이다." **子路聞之喜**(자로문지희) 자로가 이 말을 듣고 뛸 듯이 기뻐했다. **子曰** 공자께서 말씀하셨다. "**由也好勇過我**(유야호용과아) 유가 용맹을 좋아하는 것은 분명 나보다 낫다. **無所取材**(무소취재) 그러나 그는 사리를 헤아리는 바가 부족하다." ****** 桴(부) 뗏목. 浮(부) 둥실둥실 떠다니다.

쓰기

子曰 道不行 乘桴浮于海 從我者 其由與 子路聞之喜

공자께서 말씀하셨다. "나의 도가 행해지지 않는구나. 뗏목을 타고 바다에 떠 있고 싶다. 이럴 때 나를 따를 자는 오직 유일 것이다." 자로가 이 말을 듣고 뛸 듯이 기뻐했다.

子曰 道不行 乘桴浮于海
從我者 其由與 子路聞之喜

子曰 由也好勇過我 無所取材

공자께서 말씀하셨다. "유가 용맹을 좋아하는 것은 분명 나보다 낫다. 그러나 그는 사리를 헤아리는 바가 부족하다."

子曰
由也好勇過我 無所取材

公冶長 07

孟武伯問 子路仁乎 子曰 不知也
맹무백문 자로인호 자왈부지야

又問 子曰 由也 千乘之國 可使治其賦也
우문 자왈 유야 천승지국 가사치기부야

不知其仁也
부지기인야

求也何如 子曰 求也 千室之邑 百乘之家 可使爲之宰也
구야하여 자왈 구야 천실지읍 백승지가 가사위지재야

不知其仁也
부지기인야

赤也何如 子曰 赤也 束帶立於朝 可使與賓客言也
적야하여 자왈 적야 속대입어조 가사여빈객언야

不知其仁也
부지기인야

孟武伯問(맹무백문) 맹무백이 물었다. "子路仁乎(자로인호) 자로는 인합니까?" 子曰 공자께서 말씀하셨다. "不知也(부지야) 잘 모르겠습니다." 又問(우문) 맹무백이 다시 물었다. 子曰 공자께서 말씀하셨다. "由也 千乘之國 可使治其賦也(유야 천승지국 가사치기부야) 유는 천승의 나라에서 군 재정을 맡겨 다스릴 수 있지만 不知其仁也(부지기인야) 그가 인한지는 모르겠습니다."

"求也何如(구야하여) 구는 어떻습니까?" 子曰 공자께서 말씀하셨다. "求也 千室之邑

百乘之家 可使爲之宰也(구야 천실지읍 백승지가 가사위지재야) 구는 천실 정도 되는 큰 읍과 백승의 대부 땅에서 재상이 될 수는 있겠지만 不知其仁也(부지기인야) 그가 인한지는 모르겠습니다." "赤也何如(적야하여) 적은 어떻습니까?" 子曰 공자께서 말씀하셨다. "赤也 束帶立於朝 可使與賓客言也(적야 속대입어조 가사여빈객언야) 적은 대례복을 입고 조정에 서서 외국 사신들과 더불어 대화를 나눌 수 있겠지만 不知其仁也(부지기인야) 그가 인한지는 모르겠습니다."

****** 求(구) 제자인 염유(冉有)의 이름. 赤(적) 제자인 공서화(公西華)의 이름. 賦(부) 군역의 명목으로 걷히는 세금. 束帶(속대) 성대한 관복을 차려입은 모습.

쓰기

孟武伯問 子路仁乎 子曰 不知也

맹무백이 물었다. "자로는 인합니까?" 공자께서 말씀하셨다. "잘 모르겠습니다."

又問 子曰 由也 千乘之國 可使治其賦也

맹무백이 다시 물었다. 공자께서 말씀하셨다. "유는 천승의 나라에서 군 재정을 맡겨 다스릴 수는 있지만

不知其仁也

그가 인한지는 모르겠습니다."

求也何如 子曰 求也 千室之邑 百乘之家 可使爲之宰也
"구는 어떻습니까?" 공자께서 말씀하셨다. "구는 천실 정도 되는 큰 읍과 백승의 집안에서 재상이 될 수는 있겠지만

不知其仁也
그가 인한지는 모르겠습니다."

赤也何如 子曰 赤也 束帶立於朝 可使與賓客言也
"적은 어떻습니까?" 공자께서 말씀하셨다. "적은 대례복을 입고 조정에 서서 외국 사신들과 더불어 대화를 나눌 수 있겠지만

不知其仁也
그가 인한지는 모르겠습니다."

公冶長 08

子謂子貢曰 女與回也孰愈
자위자공왈 여여회야숙유

對曰 賜也何敢望回 回也聞一以知十 賜也聞一以知二
대왈 사야하감망회 회야문일이지십 사야문일이지이

子曰 弗如也 吾與女弗如也
자왈 불여야 오여여불여야

子謂子貢曰(자위자공왈) 공자께서 자공에게 일러 말씀하셨다. "女與回也孰愈(여여회야숙유) 너와 **안회**, 누가 더 나으냐?"

對曰 자공이 대답했다. "賜也何敢望回(사야하감망회) 제가 어찌 감히 **안회**를 넘볼 수 있겠습니까? 回也聞一以知十(회야문일이지십) **안회**는 하나를 들으면 열을 알고, 賜也聞一以知二(사야문일이지이) 저는 하나를 들으면 둘을 압니다."

子曰 공자께서 말씀하셨다. "弗如也(불여야) 너는 **안회**만 같이 못하다. 吾與女弗如也(오여여불여야) 너와 나 모두 **안회**만 같지 못하다."

****** 謂(위) 말하다. 愈(유) 낫다. 뛰어나다.

쓰기

子謂子貢曰 女與回也孰愈 공자께서 자공에게 일러 말씀하셨다. "너와 회, 누가 더 나으냐?"

對曰 賜也何敢望回 回也聞一以知十 賜也聞一以知二
자공이 대답했다. "제가 어찌 감히 회를 넘볼 수 있겠습니까? 회는 하나를 들으면 열을 알고, 저는 하나를 들으면 둘을 압니다."

回也聞一以知十
賜也聞一以知二

子曰 弗如也 吾與女弗如也
공자께서 말씀하셨다. "너는 안회만 같이 못하다. 너와 나 둘다 안회만 같지 못하다."

公冶長 09

宰予晝寢
재여주침

子曰 朽木不可雕也 糞土之牆不可杇也 於予與何誅
자왈 후목불가조야 분토지장불가오야 어여여하주

子曰 始吾於人也 聽其言而信其行
자왈 시오어인야 청기언이신기행

今吾於人也 聽其言而觀其行 於予與改是
금오어인야 청기언이관기행 어여여개시

宰予晝寢(재여주침) 재여가 낮잠을 자자, 子曰 공자께서 말씀하셨다. "朽木不可雕也(후목불가조야) 썩은 나무는 조각할 수 없고, 糞土之牆不可杇也(분토지장불가오야) 거름 흙으로 쌓은 담장은 흙손질할 수가 없다. 於予與何誅(어여여하주) 재여에 대해 무슨 꾸짖을 일이 있겠는가?"

子曰 공자께서 말씀하셨다. "始吾於人也(시오어인야) 처음에 나는 사람에 대해 聽其言而信其行(청기언이신기행) 그의 말을 듣고 그의 행실을 믿었다. 今吾於人也(금오어인야) 그런데 지금 나는 사람에 대해 聽其言而觀其行(청기언이관기행) 그의 말을 듣고 그의

행실을 살피게 되었다. **於予與改是**(어여여개시) 재여 때문에 이것을 고친 것이다."

******

晝寢(주침) 낮잠. **朽木**(후목) 썩은 나무. **糞土**(분토) 거름흙

쓰기

宰予晝寢 子曰 朽木不可雕也 糞土之牆不可杇也 於予與何誅

재여가 낮잠을 자자, 공자께서 말씀하셨다. "썩은 나무는 조각할 수 없고, 거름흙으로 쌓은 담장은 흙손질할 수가 없다. 재여에 대해 무슨 꾸짖을 일이 있겠는가?"

子曰 始吾於人也 聽其言而信其行

공자께서 말씀하셨다. "처음에 나는 사람에 대해 그의 말을 듣고 그의 행실을 믿었다.

今吾於人也 聽其言而觀其行 於予與改是

그런데 지금 나는 사람에 대해 그의 말을 듣고 그의 행실을 살피게 되었다. 재여 때문에 이것을 고친 것이다."

聽其言而觀其行
於予與改是

公冶長 10

子曰 吾未見剛者 或對曰 申棖 子曰 棖也慾 焉得剛
자왈 오미견강자 혹대왈 신정 자왈 정야욕 언득강

子曰 공자께서 말씀하셨다. "吾未見剛者(오미견강자) 나는 아직 참으로 강한 자를 보지 못했다." 或對曰 어떤 사람이 대답하여 말했다. "申棖(신정) 신정이 있지 않습니까?" 子曰 공자께서 말씀하셨다. "棖也慾(정야욕) 신정은 항상 욕심이 앞서니 焉得剛(언득강) 어찌 강하다고 할 수 있겠는가?" ****** 申棖(신정) 공자의 제자. 노나라 사람.

■ 쓰기

子曰 吾未見剛者 或對曰 申棖 子曰 棖也慾 焉得剛
공자께서 말씀하셨다. "나는 아직 참으로 강한 자를 보지 못했다." 어떤 사람이 대답하여 말했다. "신정이 있지 않습니까?" 공자께서 말씀하셨다. "신정은 항상 욕심이 앞서니 어찌 강하다고 할 수 있겠는가?"

子曰 吾未見剛者 或對曰
申棖 子曰 棖也慾 焉得剛

公冶長 11

子貢曰 我不欲人之加諸我也 吾亦欲無加諸人
자공왈 아불욕인지가저아야 오역욕무가저인

子曰 賜也 非爾所及也
자왈 사야   비이 소급야

子貢曰 자공이 말했다. "**我不欲人之加諸我也**(아불욕인지가저아야) 저는 남이 제게 가하기를 원치 않는 것을 **吾亦欲無加諸人**(오역욕무가저인) 저 또한 남에게 가하지 않으려고 합니다." **子曰** 공자께서 말씀하셨다. "**賜也 非爾所及也**(사야 비이소급야) 사야, 네가 미칠 수 있는 바가 아니다."

****** 加(가) 능욕하는 것.

쓰기

子貢曰 我不欲人之加諸我也 吾亦欲無加諸人
자공이 말했다. "저는 남이 제게 가하기를 원치 않는 것을 저 또한 남에게 가하지 않으려고 합니다."

子曰 賜也 非爾所及也
공자께서 말씀하셨다. "사야, 네가 미칠 수 있는 바가 아니다."

公冶長 12

子貢曰 夫子之文章 可得而聞也
자공왈 부자지문장   가득이문야

夫子之言性與天道 不可得而聞也
부 자 지 언 성 여 천 도 불 가 득 이 문 야

子貢曰 자공이 말했다. "夫子之文章(부자지문장) 선생님의 문장은 可得而聞也(가득이문야) 얻어 들을 수 있었으나, 夫子之言性與天道(부자지언성여천도) 선생님께서 성과 천도를 말씀하시는 것은 不可得而聞也(불가득이문야) 선생님께서 성과 천도를 말씀하시는 것은 얻어 들을 수 없었다."
****** 文章(문장) 덕이 밖으로 드러나는 것. 天道(천도) 하늘의 이치.

쓰기

子貢曰 夫子之文章 可得而聞也
자공이 말했다. "선생님의 문장은 얻어 들을 수 있었으나,

夫子之言性與天道 不可得而聞也
선생님께서 성과 천도를 말씀하시는 것은 얻어 들을 수 없었다."

公冶長 13

子路有聞 未之能行 唯恐有聞
자 로 유 문 미 지 능 행 유 공 유 문

子路有聞(자로유문) 자로가 가르침을 듣고 未之能行(미지능행) 아직 미처 실행하지 못했으면, 唯恐有聞(유공유문) 행여 또 다른 가르침을 들을까 두려워했다.

****** 有聞(유문) 가르침을 듣다.

쓰기

子路有聞 未之能行 唯恐有聞
자로가 가르침을 듣고 아직 미처 실행하지 못했으면, 행여 또 다른 가르침을 들을까 두려워했다.

公冶長 14

子貢問曰 孔文子何以謂之文也
자 공 문 왈 공 문 자 하 이 위 지 문 야

子曰 敏而好學 不恥下問 是以謂之文也
자 왈 민 이 호 학 불 치 하 문 시 이 위 지 문 야

子貢問曰 자공이 물었다. "孔文子何以謂之文也(공문자하이위지문야) 공문자를 왜 문이라고 시호하셨는지요?"

子曰 공자께서 말씀하셨다. "敏而好學(민이호학) 영민하면서도 배우기를 좋아하고, 不恥下問(불치하문) 아랫사람에게 묻는 것을 부끄러워하지 않았다. 是以謂之文也(시이위지문야) 그런 까닭에 문이라고 일컬은 것이다."

******

孔文子(공문자) 위나라의 대부. 위령공의 맏딸인 백희(伯姬)의 남편. 下問(하문) 아랫사람에게 묻다.

쓰기

子貢問曰 孔文子何以謂之文也
자공이 물었다. "공문자를 왜 문이라고 시호하셨는지요?"

子貢問曰
孔文子何以謂之文也

子曰 敏而好學 不恥下問 是以謂之文也
공자께서 말씀하셨다. "영민하면서도 배우기를 좋아하고, 아랫사람에게 묻는 것을 부끄러워하지 않았다. 그런 까닭에 문이라고 일컬은 것이다."

子曰 敏而好學 不恥下問
是以謂之文也

公冶長 15

子謂子産 有君子之道四焉
자 위 자 산   유 군 자 지 도 사 언

其行己也恭 其事上也敬 其養民也惠 其使民也義
기 행 기 야 공   기 사 상 야 경   기 양 민 야 혜   기 사 민 야 의

子謂子産(자위자산) 공자께서 자산을 평하여 말씀하셨다. "**有君子之道四焉(유군자지도사언)** (자산은) 군자가 갖추어야 할 네 가지 덕목을 지녔으니, **其行己也恭(기행기야공)** 몸가짐이 공손했고, **其事上也敬(기사상야경)** 윗사람을 섬김이 공경스러웠으며, **其養民也惠(기양민야혜)** 백성을 기름이 은혜로웠고, **其使民也義(기사민야의)** 백성을 부림이 의로웠다."

****** 子産(자산)** 정(鄭)나라의 대부 공손교(公孫僑)의 자(字)이다.

쓰기

子謂子産 有君子之道四焉

공자께서 자산을 평하여 말씀하셨다. "(자산은) 군자가 갖추어야 할 네 가지 덕목을 지녔으니,

子謂子産 有君子之道四焉

其行己也恭 其事上也敬

몸가짐이 공손했고, 윗사람을 섬김이 공경스러웠으며,

其行己也恭 其事上也敬

其養民也惠 其使民也義

백성을 기름이 은혜로웠고, 백성을 부림이 의로웠다."

其養民也惠 其使民也義

公冶長 16

子曰 晏平仲善與人交 久而敬之
자 왈 안 평 중 선 여 인 교 구 이 경 지

子曰 공자께서 말씀하셨다. "晏平仲善與人交(안평중선여인교) 안평중은 남과 사귀기를 잘하는구나. 久而敬之(구이경지) 오래 사귈수록 오히려 공경하니!"

****** 晏平仲(안평중) 제(齊)나라의 명재상 안영(晏嬰)을 말한다. 성은 안(晏), 이름은 영(嬰).

쓰기

子曰 晏平仲善與人交 久而敬之

공자께서 말씀하셨다. "안평중은 남과 사귀기를 잘하는구나. 오래 사귈수록 오히려 공경하니!"

子曰 晏平仲善與人交
久而敬之

公冶長 17

子曰 臧文仲居蔡 山節藻梲 何如其知也
자 왈 장 문 중 거 채   산 절 조 절   하 여 기 지 야

子曰 공자께서 말씀하셨다.

"臧文仲居蔡(장문중거채) 장문중이 큰 거북 껍질을 걸어두고, 山節藻梲(산절조절) 기둥머리에 산을 조각하고, 들보 위 동자기둥에는 수초를 그렸으니 何如其知也(하여기지야) 어찌 그를 지혜롭다고 하겠는가?"

******

臧文仲(장문중) 성은 장손(臧孫), 이름은 진(辰), 자는 중(仲) 시호는 문(文)이다. 노나라의 대부였고 공자 태어나기 66년 전에 사망. 50여 년 동안 장공(莊公), 민공(閔公), 희공(僖公), 문공(文公) 등 네 명의 임금을 섬겼으며 지혜롭다는 평판을 들었다.

節(절) 기둥머리의 모진 나무. **藻(조)** 마름풀. 수초의 이름. **梲(절)** 대들보 위의 짧은 기둥.

쓰기

子曰 臧文仲居蔡 山節藻梲 何如其知也
공자께서 말씀하셨다. "장문중이 큰 거북 껍질을 걸어두고, 기둥머리에 산을 조각하고, 들보 위 동자기둥에는 수초를 그렸으니 어찌 그를 지혜롭다고 하겠는가?"

公冶長 18

《18-01》

子張問曰 令尹子文三仕爲令尹 無喜色 三已之 無慍色
자장문왈 영윤자문삼사위영윤 무희색 삼이지 무온색

舊令尹之政 必以告新令尹 何如
구영윤지정 필이고신영윤 하여

子曰 忠矣 曰 仁矣乎 曰 未知 焉得仁
자왈 충의 왈 인의호 왈 미지 언득인

子張問曰(자장문왈) 자장이 여쭈었다. "**令尹子文三仕爲令尹**(영윤자문삼사위영윤) 영윤인 자문이 세 번 벼슬해서 영윤이 되었는데도 **無喜色**(무희색) 기뻐하는 기색이 없었고, **三已之**(삼이지) 세 번 그만두면서도 **無慍色**(무온색) 서운해 하는 기색이 없었습니다. **舊令尹之政**(구영윤지정) 그리고 자신이 맡았던 영윤의 정사를 **必以告新令尹**(필이고신영윤) 반드시 새로 부임하는 영윤에게 상세히 알려주었습니다. **何如**(하여) 이만하면 어떤지요?" **子曰** 공자께서 말씀하셨다. "**忠矣**(충의) 충성스럽다고 할 만하다." **曰** 자장이 다시 여쭈었다. "**仁矣乎**(인의호) 인하다 할 수 있을까요?" **曰** 공자께서 말씀하셨다. "**未知 焉得仁**(미지 언득인) 모르겠다. 어찌 인하다고까지 할 수 있겠는가?"
****** **令尹**(영윤) 초(楚)나라에서만 쓰던 관직명. **子文**(자문) 성은 투(鬪), 이름은 누어도(穀於菟)이다.

쓰기

子張問曰 令尹子文三仕爲令尹 無喜色 三已之 無慍色

자장이 여쭈었다. "영윤인 자문이 세 번 벼슬해서 영윤이 되었는데도 기뻐하는 기색이 없었고, 세 번 그만두면서도 서운해 하는 기색이 없었습니다.

無喜色 三已之 無慍色

舊令尹之政 必以告新令尹 何如
그리고 자신이 맡았던 영윤의 정사를

반드시 새로 부임하는 영윤에게 상세히 알려주었습니다. 이만하면 어떤지요?"

子曰 忠矣 曰 仁矣乎 曰 未知 焉得仁
공자께서 말씀하셨다. "충성스럽다고 할 만하다." 자장이 다시 여쭈었다. "인하다 할 수 있을까요?"

공자께서 말씀하셨다. "모르겠다. 어찌 인하다고까지 할 수 있겠는가?"

《18-02》

崔子弑齊君 陳文子有馬十乘 棄而違之
최 자 시 제 군 진 문 자 유 마 십 승 기 이 위 지

至於他邦 則曰 猶吾大夫崔子也 違之
지 어 타 방 즉 왈 유 오 대 부 최 자 야 위 지

之一邦 則又曰 猶吾大夫崔子也 違之 何如
지 일 방 즉 우 왈 유 오 대 부 최 자 야 위 지 하 여

子曰 清矣 曰 仁矣乎 曰 未知 焉得仁
자 왈 청 의 왈 인 의 호 왈 미 지 언 득 인

자장이 또 다시 여쭈었다. "崔子弑齊君(최자시제군) 최자가 제나라 임금을 시해하자, 陳文子有馬十乘(진문자유마십승) 진문자는 말 10승을 소유하고 있었는데 棄而違之(기이위지) 그 부를 버리고 나라를 떠났습니다.
至於他邦 則曰(지어타방 즉왈) 다른 나라에 이르러 말하기를 '猶吾大夫崔子也(유오대부최자야) 이 나라 권력자도 우리나라 대부 최자와 같구나.'하며 違之(위지) 그 나라를 떠났습니다.
之一邦(지일방) 다른 나라에 이르러 則又曰(즉우왈) 또 말하길 '猶吾大夫崔子也(유오대부최자야) 우리나라 대부 최자와 같구나!'하며 違之(위지) 그 나라를 떠났습니다. 何如(하여) 이만하면 어떻습니까?"
子曰 공자께서 말씀하셨다. "淸矣(청의) 청렴하구나." 曰 자장이 다시 여쭈었다. "仁矣乎(인의호) 인하다 할 수 있을까요?" 曰 공자께서 대답하셨다. "未知 焉得仁(미지 언득인) 모르겠다. 어찌 인하다고까지 할 수 있겠는가?"

****** 崔子(최자) 제나라의 대부. 이름은 저(杼). 齊君(제군) 제나라의 장공(莊公)을 가리킨다. 陳文子(진문자) 제나라의 대부. 이름은 수무(須無). 違(위) 떠나가다.

■ 쓰기

崔子弑齊君 陳文子有馬十乘 棄而違之
자장이 또 다시 여쭈었다. "최자가 제나라 임금을 시해하자, 진문자는 말 10승을 소유하고 있었는데 그 부를 버리고 나라를 떠났습니다.

至於他邦 則曰 猶吾大夫崔子也 違之
다른 나라에 이르러 말하기를 '이 나라 권력자도 우리나라 대부 최자와 같구나.'하며 그 나라를 떠났습니다.

猶吾大夫崔子也 違之

之一邦 則又曰 猶吾大夫崔子也 違之 何如
다른 나라에 이르러 또 말하길 '우리나라 대부 최자와 같구나!' 하며 그 나라를 떠났습니다. 이만하면 어떻습니까?"

之一邦 則又曰
猶吾大夫崔子也 違之 何如

子曰 清矣 曰 仁矣乎 曰 未知 焉得仁
공자께서 말씀하셨다. "청렴하구나." 자장이 다시 여쭈었다. "인하다 할 수 있을까요?" 공자께서 대답하셨다. "모르겠다. 어찌 인하다고까지 할 수 있겠는가?"

子曰 清矣 曰 仁矣乎
曰 未知 焉得仁

公冶長 19

季文子三思而後行 子聞之 曰 再 斯可矣
계 문 자 삼 사 이 후 행 자 문 지 왈 재 사 가 의

季文子三思而後行(계문자삼사이후행) 계문자는 세 번 생각한 뒤에야 행동으로 옮겼다. **子聞之 曰**(자문지 왈) 공자께서 이 말을 들으시고 말씀하셨다. "**再 斯可矣**(재 사가의) 두 번이면 충분하다."

****** 季文子**(계문자) 노나라 삼환(三桓) 중 계씨(季氏) 가문의 3대 영주. 이름은 행보(行父), 시호는 문자(文子)이다. 문공(文公)·선공(宣公)·성공(成公)·양공(襄公) 4대를 섬겼다.

■ 쓰기

季文子三思而後行 子聞之 曰 再斯可矣

계문자는 세 번 생각한 뒤에야 행동으로 옮겼다. 공자께서 이 말을 들으시고 말씀하셨다. "두 번이면 충분하다."

公冶長 20

子曰 甯武子 邦有道則知 邦無道則愚
자 왈 영 무 자 방 유 도 즉 지 방 무 도 즉 우

其知可及也 其愚不可及也
기 지 가 급 야 기 우 불 가 급 야

子曰 공자께서 말씀하셨다. "甯武子 영무자는 邦有道則知(방유도즉지) 나라에 도가 있을 때는 지혜로웠고, 邦無道則愚(방무도즉우) 나라에 도가 없을 때는 어리석었다. 其知可及也(기지가급야) 그 지혜로움은 따를 수 있으나 其愚不可及也(기우불가급야) 그 어리석음은 따르기 어렵다."

****** 甯武子(영무자) 위나라의 대부. 이름은 유(俞).

■ 쓰기

子曰 甯武子 邦有道則知 邦無道則愚

공자께서 말씀하셨다. "영무자는 나라에 도가 있을 때는 지혜로웠고, 나라에 도가 없을 때는 어리석었다.

其知可及也 其愚不可及也
그 지혜로움은 따를 수 있으나 그 어리석음은 따르기 어렵다."

公冶長 21

子在陳 曰 歸與 歸與
자 재 진 왈 귀 여 귀 여

吾黨之小子狂簡 斐然成章 不知所以裁之
오 당 지 소 자 광 간 비 연 성 장 부 지 소 이 재 지

子在陳 曰 (자재진 왈) 공자께서 진나라에 계실 때 말씀하셨다. "歸與 歸與 (귀여 귀여) 돌아가자! 돌아가자! 吾黨之小子狂簡 (오당지소자광간) 나의 어린 제자들이 거칠지만 뜻이 커서, 斐然成章 (비연성장) 찬란하게 문장을 이루었으나 不知所以裁之 (부지소이재지) 그것을 어떻게 마름질할지를 모르는구나."

****** 吾黨(오당) 노나라에 남아있는 공자의 문인. 小子(소자) 어린 제자. 裁(재) 마름질하다.

쓰기

子在陳 曰 歸與 歸與
공자께서 진나라에 계실 때 말씀하셨다. "돌아가자! 돌아가자!

吾黨之小子狂簡 斐然成章 不知所以裁之
나의 어린 제자들이 거칠지만 뜻이 커서, 찬란하게 문장을 이루었으나 그것을 어떻게 마름질할지를 모르는구나."

斐然成章 不知所以裁之

公冶長 22

子曰 伯夷 淑齊不念舊惡 怨是用希
자왈 백이 숙제불념구악 원시용희

子曰 공자께서 말씀하셨다. "**伯夷 淑齊**(백이 숙제) 백이와 숙제는 **不念舊惡**(불념구악) 사람들이 예전에 저지른 잘못을 염두에 두지 않았다. **怨是用希**(원시용희) 이 때문에 원망을 사는 일이 거의 없었다." ***** **伯夷 淑齊**(백이 숙제) 은나라 말기 고죽국 왕의 두 아들. 왕위를 사양하고 수양산에 은거하여 고사리를 먹고 지내다 굶어 죽었다.

쓰기

子曰 伯夷 淑齊不念舊惡 怨是用希
공자께서 말씀하셨다. "백이와 숙제는 사람들이 예전에 저지른 잘못을 염두에 두지 않았다. 이 때문에 원망을 사는 일이 거의 없었다."

子曰 伯夷 淑齊不念舊惡
怨是用希

公冶長 23

子曰 孰謂微生高直 或乞醯焉 乞諸其隣而與之
자왈 숙위미생고직 혹걸혜언 걸저기린이여지

子曰 공자께서 말씀하셨다. "**孰謂微生高直**(숙위미생고직) 누가 **미생고**를 정직한 사람

이라고 하는가? **或乞醯焉**(혹걸혜언) 누군가가 미생고에게 초를 좀 얻으려 하자 **乞諸其隣而與之**(걸저기린이여지) 그의 이웃집에서 빌려다 주는구나."

******

微生高(미생고) 성은 미생(微生), 이름이 고(高)이다. 노나라 사람으로 곧고 정직한 사람이었다. **醯**(혜) 식초.

쓰기

子曰 孰謂微生高直 或乞醯焉 乞諸其隣而與之

공자께서 말씀하셨다. "누가 미생고를 정직한 사람이라고 하는가? 누군가가 미생고에게 초를 좀 얻으려 하자 그의 이웃집에서 빌려다 주는구나."

公冶長 24

子曰 巧言 令色 足恭 左丘明恥之 丘亦恥之
자 왈 교언 영색 주공 좌구명 치지 구역치지

匿怨而友其人 左丘明恥之 丘亦恥之
닉원이우기인 좌구명 치지 구역치지

子曰 공자께서 말씀하셨다. "**巧言 令色 足恭**(교언 영색 주공) 교묘하게 말하고 얼굴빛을 아름답게 꾸미며 지나치게 공손한 것을 **左丘明恥之**(좌구명치지) 좌구명이 부끄럽게 여겼는데, **丘亦恥之**(구역치지) 나 또한 그것을 부끄럽게 여긴다. **匿怨而友其人**(닉원이우기인) 원망을 감추고 그 사람과 벗하는 것을 **左丘明恥之**(좌구명치지) 좌구명이 부끄러워했는데, **丘亦恥之**(구역치지) 나 또한 이를 부끄럽게 여긴다."

******

足(주) 지나치다. '주'라고 읽는다. **左丘明**(좌구명) 공자 이전 노나라에 실존했던 현자. **匿**(닉) 숨기다.

쓰기

子曰 巧言 令色 足恭 左丘明恥之 丘亦恥之

공자께서 말씀하셨다. "교묘하게 말하고 얼굴빛을 아름답게 꾸미며 지나치게 공손한 것을 좌구명이 부끄럽게 여겼는데, 나 또한 그것을 부끄럽게 여긴다.

子曰 巧言 令色 足恭
左丘明恥之 丘亦恥之

匿怨而友其人 左丘明恥之 丘亦恥之

원망을 감추고 그 사람과 벗하는 것을 좌구명이 부끄러워했는데, 나 또한 이를 부끄럽게 여긴다."

匿怨而友其人 左丘明恥之
丘亦恥之

公冶長 25

顏淵季路侍 子曰 盍各言爾志
안 연 계 로 시 자 왈 합 각 언 이 지

子路曰 願車馬衣輕裘 與朋友共 敝之而無憾
자 로 왈 원 거 마 의 경 구 여 붕 우 공 폐 지 이 무 감

顏淵曰 願無伐善 無施勞 子路曰 願聞子之志
안 연 왈 원 무 벌 선 무 시 로 자 로 왈 원 문 자 지 지

子曰 老者安之 朋友信之 少者懷之
자 왈 노 자 안 지 붕 우 신 지 소 자 회 지

顏淵季路侍(안연계로시) 안연과 계로가 공자를 모시고 있었다. **子曰** 공자께서 말씀하

셨다. "盍各言爾志(합각언이지) 어찌 제각기 마음에 품고 있는 포부를 말하지 않는가?"
子路曰 자로가 말했다. "願車馬衣輕裘(원거마의경구) 수레와 말과 가벼운 비싼 가죽옷을 與朋友共(여붕우공) 친구와 함께 공유하다가 敝之而無憾(폐지이무감) 낡고 헤지더라도 유감이 없고자 합니다."
顔淵曰 안연이 말했다. "願無伐善(원무벌선) 잘하는 것을 자랑치 아니하고, 無施勞(무시로) 공로를 드러내지 아니하고자 합니다." 子路曰 자로가 말했다. "願聞子之志(원문자지지) 선생님의 뜻을 듣고자 합니다."
子曰 공자께서 말씀하셨다. "老者安之(노자안지) 노인들에게는 편안하게 느껴지고, 朋友信之(붕우신지) 벗들에게는 믿음직스럽고, 少者懷之(소자회지) 젊은이에게는 그리움의 대상이 되는 인간이 되고 싶구나."
****** 盍(합) 何不의 축약태. '왜~ 하지 않는가?'의 뜻이다. 伐(벌) 자랑하다.

■ 쓰기

顔淵季路侍 子曰 盍各言爾志
안연과 계로가 공자를 모시고 있었다. 공자께서 말씀하셨다. "어찌 제각기 마음에 품고 있는 포부를 말하지 않는가?"

子路曰 願車馬衣輕裘 與朋友共 敝之而無憾
자로가 말했다. "수레와 말과 가벼운 비싼 가죽옷을 친구와 함께 공유하다가 낡고 헤지더라도 유감이 없고자 합니다."

顔淵曰 願無伐善 無施勞 子路曰 願聞子之志

안연이 말했다. "잘하는 것을 자랑치 아니하고, 공로를 드러내지 아니하고자 합니다." 자로가 말했다. "선생님의 뜻을 듣고자 합니다."

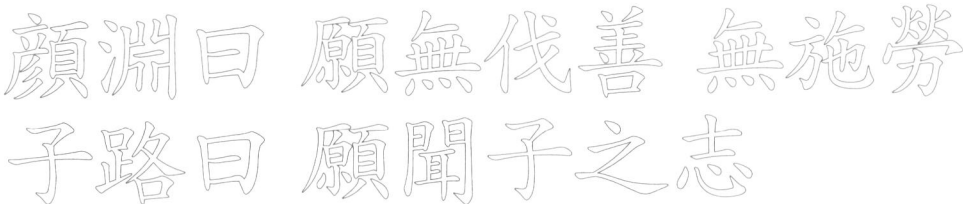

子曰 老者安之 朋友信之 少者懷之
공자께서 말씀하셨다. "노인들에게는 편안하게 느껴지고, 벗들에게는 믿음직스럽고, 젊은이에게는 그리움의 대상이 되는 인간이 되고 싶구나."

公冶長 26

子曰 已矣乎 吾未見能見其過而內自訟者也
자 왈 이 의 호 오 미 견 능 견 기 과 이 내 자 송 자 야

子曰 공자께서 말씀하셨다. "**已矣乎**(이의호) 아~ 그만두자꾸나! **吾未見能見其過而內自訟者也**(오미견능견기과이내자송자야) 나는 아직 자신의 허물을 보고서 내심 스스로를 꾸짖는 자를 보지 못했다."
****** **內自訟**(내자송) 마음속으로 자책하다.

쓰기

子曰 已矣乎 吾未見能見其過而內自訟者也
공자께서 말씀하셨다. "아~ 그만두자꾸나! 나는 아직 자신의 허물을 보고서 내심 스스로를 꾸짖는 자를 보지 못했다."

子曰 已矣乎 吾未見能見
其過而內自訟者也

公冶長 27

子曰 十室之邑 必有忠信如丘者焉 不如丘之好學也
자 왈 십 실 지 읍 필 유 충 신 여 구 자 언 불 여 구 지 호 학 야

子曰 공자께서 말씀하셨다. "**十室之邑**(십실지읍) 열 집 정도 되는 작은 마을에도 **必有忠信如丘者焉**(필유충신여구자언) 반드시 나와 같이 충직하고 신의 있는 이가 있겠지만, **不如丘之好學也**(불여구지호학야) 나보다 배우기를 좋아하는 사람은 없을 것이다."

****** 室(실) 작은 마을.

쓰기

子曰 十室之邑 必有忠信如丘者焉 不如丘之好學也
공자께서 말씀하셨다. "열 집 정도 되는 작은 마을에도 반드시 나와 같이 충직하고 신의 있는 이가 있겠지만, 나보다 배우기를 좋아하는 사람은 없을 것이다."

子曰 十室之邑
必有忠信如丘者焉
不如丘之好學也

예백 채우기

'말'을 길들이면 천리를 가고
'길'을 길들이면 평생을 간다...

글에 얽매인 '노예'는 많아도 글을 길들인 '주인'은 보기 힘들다...

雍也 01

子曰 雍也 可使南面 仲弓問子桑伯子 子曰 可也簡
자왈 옹야 가사남면 중궁문자상백자 자왈 가야간

仲弓曰 居敬而行簡 以臨其民 不亦可乎
중궁왈 거경이행간 이림기민 불역가호

居簡而行簡 無乃大簡乎 子曰 雍之言然
거간이행간 무내태간호 자왈 옹지언연

子曰 공자께서 말씀하셨다. "**雍也 可使南面**(옹야 가사남면) 옹은 임금 노릇 할만하다."
仲弓問子桑伯子(중궁문자상백자) 중궁이 자상백자에 대해 물었다. **子曰** 공자께서 말씀하셨다. "**可也簡**(가야간) 괜찮지만 간략하다."

仲弓曰 중궁이 말했다. "**居敬而行簡**(거경이행간) 공경함에 거하면서 **以臨其民**(이림기민) 간략함을 행해 백성에게 임한다면 **不亦可乎**(불역가호) 괜찮지 않겠습니까? **居簡而行簡**(거간이행간) 그러나 간략함에 거하면서 백성에게 간략함을 행한다면 **無乃大簡乎**(무내태간호) 지나치게 간략한 것이 아닌지요?"

子曰 공자께서 말씀하셨다. "**雍之言然**(옹지언연) 옹의 말이 옳다."

******

雍(옹) 성은 염(冉), 이름은 옹(雍), 자는 중궁(仲弓)이다. **南面**(남면) 임금의 자리. 임금은 남쪽을 바라보기 때문에 남면이라 한다. **子桑伯子**(자상백자) 장자에 나오는 자상호(子桑戶)와 동일인으로 추정. **簡**(간) 간략하다. 예를 행함에 까다롭지 않다.

쓰기

子曰 雍也 可使南面 仲弓問子桑伯子 子曰 可也簡
공자께서 말씀하셨다. "옹은 임금 노릇 할만하다." 중궁이 자상백자에 대해 물었다. 공자께서 말씀하셨다. "괜찮지만 간략하다."

仲弓問子桑伯子
子曰 可也簡

仲弓曰 居敬而行簡 以臨其民 不亦可乎
중궁이 말했다. "공경함에 거하면서 간략함을 행해 백성에게 임한다면 괜찮지 않겠습니까?

仲弓曰 居敬而行簡
以臨其民 不亦可乎

居簡而行簡 無乃大簡乎 子曰 雍之言然
그러나 간략함에 거하면서 백성에게 간략함을 행한다면 지나치게 간략한 것이 아닌지요?" 공자께서 말씀하셨다. "옹의 말이 옳다."

居簡而行簡 無乃大簡乎
子曰 雍之言然

雍也 02

哀公問 弟子孰爲好學 孔子對曰 有顏回者好學
애공문 제자숙위호학 공자대왈 유안회자호학

不遷怒 不貳過 不幸短命死矣 今也則亡 未聞好學者也
불천노 불이과 불행단명사의 금야즉무 미문호학자야

哀公問 애공이 물었다. "弟子孰爲好學(제자숙위호학) 제자 가운데 누가 배우기를 좋아

합니까?" 孔子對曰 공자께서 대답하셨다. "有顔回者好學(유안회자호학) 안회라는 자가 배우기를 좋아했고, 不遷怒(불천노) 노여움을 남에게 옮기지 않았으며, 不貳過(불이과) 같은 잘못을 되풀이하지 않았습니다. 不幸短命死矣(불행단명사의) 그런데 불행하게도 명이 짧아 죽었습니다.
今也則亡 未聞好學者也(금야즉무 미문호학자야) 그가 지금은 이 세상에 없으니, 배우기를 좋아한다 할 만한 자에 대해 듣지 못했습니다."
****** 哀公(애공) 노나라의 군주. 성은 희(姬). 이름은 장(將). 정공(定公)의 아들이다. 遷(천) 옮기다. 貳(이) 되풀이. 亡(무) 없다.

쓰기

哀公問 弟子孰爲好學 孔子對曰 有顔回者好學
애공이 물었다. "제자 가운데 누가 배우기를 좋아합니까?" 공자께서 대답하셨다. "안회라는 자가 배우기를 좋아했고,

不遷怒 不貳過 不幸短命死矣
노여움을 남에게 옮기지 않았으며, 같은 잘못을 되풀이하지 않았습니다. 그런데 불행하게도 명이 짧아 죽었습니다.

今也則亡 未聞好學者也
그가 지금은 이 세상에 없으니, 배우기를 좋아한다 할 만한 자에 대해 듣지 못했습니다."

雍也 03

《03-1》

子華使於齊 冉子爲其母請粟
자 화 시 어 제 염 자 위 기 모 청 속

子曰 與之釜 請益 曰 與之庾 冉子與之粟五秉
자 왈 여 지 부 청 익 왈 여 지 유 염 자 여 지 속 오 병

子曰 赤之適齊也 乘肥馬 衣輕裘
자 왈 적 지 적 제 야 승 비 마 의 경 구

吾聞之也 君子周急不繼富
오 문 지 야 군 자 주 급 불 계 부

子華使於齊(자화시어제) 자화가 제나라에 사신으로 갈 때였다. 冉子爲其母請粟(염자위기모청속) 염자가 자화의 홀로 남을 어머니를 위해 곡식을 청했다. 子曰 공자께서 말씀하셨다. "與之釜(여지부) 부를 주어라." 請益(청익) 더 주기를 청했다. 曰 공자께서 말씀하셨다. "與之庾(여지유) 유를 주어라." 冉子與之粟五秉(염자여지속오병) 그런데 염자가 곡식 오병을 주었다. 子曰 공자께서 말씀하셨다. "赤之適齊也(적지적제야) 적이 제나라에 가는데 乘肥馬 衣輕裘(승비마 의경구) 살찐 말 수레를 타고 가볍고 호사스런 가죽옷을 입고 가더라. 吾聞之也(오문지야) 내가 들었다. 君子周急不繼富(군자주급불계부) 군자는 곤궁한 자는 돌봐주지만 부유한 자에게는 보태주지 않는다고."
****** 子華(자화) 공서화의 자(字). 성은 공서(公西), 이름은 적(赤)이다. 冉子(염자) 염유.
釜(부) 6말 4되. 庾(유) 16말. 秉(병) 16섬.

쓰기

子華使於齊 冉子爲其母請粟
자화가 제나라에 사신으로 갈 때였다. 염자가 자화의 홀로 남을 어머니를 위해 곡식을 청했다.

冉子爲其母請粟

子曰 與之釜 請益 曰 與之庾 冉子與之粟五秉
공자께서 말씀하셨다. "부를 주어라." 더 주기를 청했다. 공자께서 말씀하셨다. "유를 주어라." 그런데 염자가 곡식 오 병을 주었다.

子曰 赤之適齊也 乘肥馬 衣輕裘
공자께서 말씀하셨다. "적이 제나라에 가는데 살찐 말 수레를 타고 가볍고 호사스런 가죽옷을 입고 가더라.

吾聞之也 君子周急不繼富
내가 들었다. 군자는 곤궁한 자는 돌봐주지만 부유한 자에게는 보태주지 않는다고."

《03-2》

原思爲之宰 與之粟九百 辭
원 사 위 지 재 여 지 속 구 백 사

子曰 毋 以與爾隣里鄕黨乎
자 왈 무 이 여 이 린 리 향 당 호

原思爲之宰(원사위지재) **원사가 공자의 가신이 되었는데,** 與之粟九百(여지속구백) 녹봉으로 곡식 구백 말을 주려하니 辭(사) 그가 사양했다. **子曰** 공자께서 말씀하셨다. "**毋以與爾隣里鄕黨乎**(무이여이린리향당호) 사양치 말고 그것을 너의 이웃이나 마을과 향당에 나눠주어라."

****** 原思(원사) 공자의 제자. 성은 원(原), 이름은 헌(憲)이다.

쓰기

原思爲之宰 與之粟九百 辭

원사가 공자의 가신이 되었는데, 녹봉으로 곡식 구백 말을 주려하니 그가 사양했다.

子曰 毋 以與爾隣里鄕黨乎

공자께서 말씀하셨다. "사양치 말고 그것을 너의 이웃이나 마을과 향당에 나눠주어라."

雍也 04

子謂仲弓曰 犂牛之子 騂且角 雖欲勿用 山川其舍諸
자 위 중 궁 왈 리 우 지 자 성 차 각 수 욕 물 용 산 천 기 사 저

子謂仲弓曰(자위중궁왈) 공자께서 **중궁**을 평하여 말씀하셨다. "犂牛之子(리우지자) 얼룩배기 소의 새끼가 騂且角(성차각) 털이 붉어 아름답고 뿔이 각지고 웅장하다면, 雖欲勿用(수욕물용) 사람들이 비록 제물로 쓰지 않고자 해도 山川其舍諸(산천기사저) 산천의 신이 어찌 그것을 가만히 내버려 두겠는가?"

****** 犂牛(이우) 여러 가지 무늬가 섞인 소. 중궁(仲弓)의 천한 신분을 상징. 騂(성) 붉은 색깔이 도는 것. 주나라는 붉은 색을 숭상하여 희생으로 붉은 소를 썼다. 角(각) 뿔이 고르고 바르게 생긴 것.

■ 쓰기

子謂仲弓曰 犁牛之子 騂且角
공자께서 중궁을 평하여 말씀하셨다. "얼룩배기 소의 새끼가 털이 붉어 아름답고 뿔이 각지고 웅장하다면,

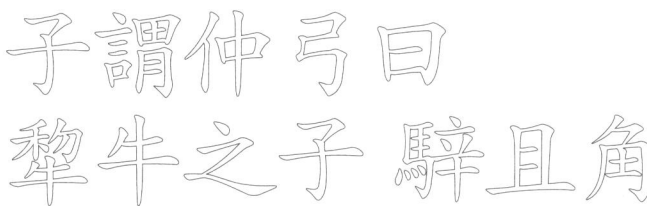

雖欲勿用 山川其舍諸
사람들이 비록 제물로 쓰지 않고자 해도 산천의 신이 어찌 그것을 가만히 내버려 두겠는가?"

雍也 05

子曰 回也 其心三月不違仁 其餘則日月至焉而已矣
자 왈 회야 기심삼월불위인 기여즉일월지언이이의

子曰 공자께서 말씀하셨다. "回也 其心三月不違仁(회야 기심삼월불위인) 안회는 그 마음이 석 달 동안 인을 어기는 법이 없으나, 其餘則日月至焉而已矣(기여즉일월지언이이의) 다른 사람들은 하루나 한 달에 한 번 인에 이를 뿐이다."
****** 三月(삼월) 오랜 기간을 의미. 其餘(기여) 3개월이 지나도.

■ 쓰기

子曰 回也 其心三月不違仁
공자께서 말씀하셨다. "안회는 그 마음이 석 달 동안 인을 어기는 법이 없으나,

其餘則日月至焉而已矣
다른 사람들은 하루나 한 달에 한 번 인에 이를 뿐이다."

其餘則日月至焉而已矣

雍也 06

季康子問 仲由可使從政也與 子曰 由也果 於從政乎何有
계 강 자 문 중 유 가 사 종 정 야 여 자 왈 유 야 과 어 종 정 호 하 유

曰 賜也可使從政也與 曰 賜也達 於從政乎何有
왈 사 야 가 사 종 정 야 여 왈 사 야 달 어 종 정 호 하 유

曰 求也可使從政也與 曰 求也藝 於從政乎何有
왈 구 야 가 사 종 정 야 여 왈 구 야 예 어 종 정 호 하 유

季康子問 계강자가 물었다. "仲由可使從政也與(중유가사종정야여) 중유는 정사를 맡길 만합니까?" 子曰 공자께서 말씀하셨다. "由也果(유야과) 유는 과단성이 있으니 於從政乎何有(어종정호하유) 정사를 맡기는데 무슨 어려움이 있겠습니까?"

曰 계강자가 다시 물었다. "賜也可使從政也與(사야가사종정야여) 사는 정사를 맡길 만합니까?" 曰 공자께서 말씀하셨다. "賜也達(사야달) 사는 사리에 통달했으니 於從政乎何有(어종정호하유) 정사를 맡기는데 무슨 어려움이 있겠습니까?"

曰 계강자가 또 다시 물었다. "求也可使從政也與(구야가사종정야여) 구는 정치에 종사할 만합니까?" 曰 공자께서 말씀하셨다. "求也藝(구야예) 구는 재능이 뛰어나니 於從政乎何有(어종정호하유) 정사를 맡기는데 무슨 어려움이 있겠습니까?"

******

季康子(계강자) 노나라의 대부. 계환자(季桓子)의 아들로 당시 실권자였다. 從政(종정) 정치에 종사하다. 果(과) 과감하고 결단력이 있다. 達(달) 사리에 통달하다. 藝(예) 다재다능하다.

쓰기

季康子問 仲由可使從政也與 子曰 由也果 於從政乎何有

계강자가 물었다. "중유는 정사를 맡길 만합니까?" 공자께서 말씀하셨다. "유는 과단성이 있으니 정사를 맡기는데 무슨 어려움이 있겠습니까?"

曰 賜也可使從政也與 曰 賜也達 於從政乎何有

계강자가 다시 물었다. "사는 정사를 맡길 만합니까?" 공자께서 말씀하셨다. "사는 사리에 통달했으니 정사를 맡기는데 무슨 어려움이 있겠습니까?"

曰 求也可使從政也與 曰 求也藝 於從政乎何有

계강자가 또 다시 물었다. "구는 정치에 종사할 만합니까?" 공자께서 말씀하셨다. "구는 재능이 뛰어나니 정사를 맡기는데 무슨 어려움이 있겠습니까?"

雍也 07

季氏使閔子騫爲費宰 閔子騫曰
계 씨 사 민 자 건 위 비 재 민 자 건 왈

善爲我辭焉 如有復我者 則吾必在汶上矣
선 위 아 사 언 여 유 부 아 자 즉 오 필 재 문 상 의

季氏使閔子騫爲費宰(계씨사민자건위비재) 계씨가 민자건을 비읍의 읍재로 삼으려 했다. (심부름 온 사람에게) 閔子騫曰(민자건왈) 민자건이 말했다. "善爲我辭焉(선위아사언) 나를 위해 잘 말해주시오. 如有復我者(여유부아자) 만일 다시 나를 부른다면 則吾必在汶上矣(즉오필재문상의) 나는 반드시 문수汶水 가에 있을 것이오."

******

季氏(계씨) 계강자. 閔子騫(민자건) 노나라 사람으로 공자의 제자다. 이름은 손(損), 자가 자건(子騫)이다. 덕행으로 이름이 높았다. 汶(문) 노라라와 제나라의 경계를 따라 흐르는 강.

쓰기

季氏使閔子騫爲費宰 閔子騫曰
계씨가 민자건을 비읍의 읍재로 삼으려 했다. (심부름 온 사람에게) 민자건이 말했다.

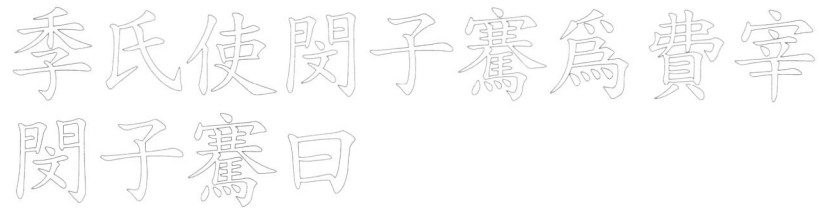

善爲我辭焉 如有復我者 則吾必在汶上矣
"나를 위해 잘 말해주시오. 만일 다시 나를 부른다면 나는 반드시 문수 가에 있을 것이오."

雍也 08

伯牛有疾 子問之 自牖執其手曰 亡之 命矣夫
백우유질 자문지 자유집기수왈 무지 명의부

斯人也 而有斯疾也 斯人也 而有斯疾也
사인야 이유사질야 사인야 이유사질야

伯牛有疾(백우유질) 백우가 몹쓸 병에 걸렸다. 子問之(자문지) 공자께서 문병을 가셨다. 自牖執其手曰(자유집기수왈) 창을 통해 그의 손을 잡고 말씀하셨다. "亡之 命矣夫(망지 명의부) 이럴 리가 없는데 명이 다했구나! 斯人也 而有斯疾也(사인야 이유사질야) 이 사람이 이런 병에 걸리다니! 斯人也 而有斯疾也(사인야 이유사질야) 이 사람이 이런 병에 걸리다니!"

****** 伯牛(백우) 노나라 사람. 공자의 제자로 성은 염(冉), 이름은 경(耕), 자가 백우(伯牛)이다. 疾(질) 병. 염백우는 나병에 걸려 죽었다. 牖(유) 남쪽으로 난 창.

쓰기

伯牛有疾 子問之 自牖執其手曰 亡之 命矣夫
백우가 몹쓸 병에 걸렸다. 공자께서 문병을 가셨다. 창을 통해 그의 손을 잡고 말씀하셨다. "이럴 리가 없는데 명이 다했구나!

伯牛有疾 子問之
自牖執其手曰 亡之 命矣夫

斯人也 而有斯疾也 斯人也 而有斯疾也
이런 사람이 이런 병에 걸리다니! 이런 사람이 이런 병에 걸리다니!"

斯人也 而有斯疾也

斯人也 而有斯疾也

雍也 09

子曰 賢哉 回也 一簞食 一瓢飮 在陋巷
자왈 현재 회야 일단사 일표음 재루항

人不堪其憂 回也 不改其樂 賢哉 回也
인불감기우 회야 불개기락 현재 회야

子曰 공자께서 말씀하셨다. "賢哉 回也(현재 회야) 어질구나, 회여! 一簞食(일단사) 한 소쿠리에 담긴 밥과 一瓢飮(일표음) 한 표주박의 물을 마시면서 在陋巷(재루항) 누추한 골목에 산다. 人不堪其憂(인불감기우) 사람들은 그 근심을 견디지 못하는데, 回也 不改其樂(회야 불개기락) 회는 그 즐거움을 바꾸지 않으니, 賢哉 回也(현재 회야) 어질구나, 회여!" ****** 簞(단) 대로 엮어 만든 광주리. 陋巷(루항) 누추한 골목. 堪(감) 감당하다.

쓰기

子曰 賢哉 回也 一簞食 一瓢飮 在陋巷
공자께서 말씀하셨다. "어질구나, 안회여! 한 소쿠리에 담긴 밥과 한 표주박의 물을 마시면서 누추한 골목에 산다.

人不堪其憂 回也 不改其樂 賢哉 回也
사람들은 그 근심을 견디지 못하는데, 안회는 그 즐거움을 바꾸지 않으니, 어질구나, 안회여!"

不改其樂 賢哉 回也

雍也 10

冉求曰 非不說子之道 力不足也
염구왈 비불열자지도 역부족야

子曰 力不足者 中道而廢 今女畫
자왈 역부족자 중도이폐 금여획

冉求曰 염구가 말했다. "非不說子之道(비불열자지도) 저는 선생님의 도를 좋아하지 않는 것이 아니라 力不足也(역부족야) 힘이 부족합니다." **子曰** 공자께서 말씀하셨다. "力不足者 中道而廢(역부족자 중도이폐) 힘이 부족한 자는 중도에 그만두는데, 今女畫(금여획) 지금 너는 스스로 한계를 긋고 있구나."

******

力不足(역부족) 나아가려고 애쓰는데 도저히 나아갈 수 없는 것.

畫(획) 나아갈 수 있는데 나아가려고 하지 않는 것.

쓰기

冉求曰 非不說子之道 力不足也
염구가 말했다. "저는 선생님의 도를 좋아하지 않는 것이 아니라 힘이 부족합니다."

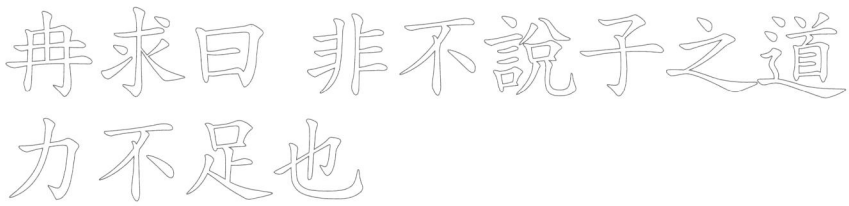

子曰 力不足者 中道而廢 今女畫
공자께서 말씀하셨다. "힘이 부족한 자는 중도에 그만두는데, 지금 너는 스스로 한계를 긋고 있구나."

子曰 力不足者 中道而廢
今女畫

雍也 11

子謂子夏曰 女爲君子儒 無爲小人儒
자 위 자 하 왈   여 위 군 자 유   무 위 소 인 유

子謂子夏曰(자위자하왈) 공자께서 자하에게 일러 말씀하셨다. "女爲君子儒(여위군자유) 너는 군자다운 선비가 되라. 無爲小人儒(무위소인유) 소인 같은 선비가 되어서는 아니 된다."
***** 儒(유) 배우는 자의 통칭. 君子儒(군자유) 수신을 위해 공부하는 자. 小人儒(소인유) 사리(私利)를 위해 공부하는 자.

쓰기

子謂子夏曰 女爲君子儒 無爲小人儒
공자께서 자하에게 말씀하셨다. "너는 군자다운 선비가 되라. 소인 같은 선비가 되어서는 아니 된다."

雍也 12

子游爲武城宰 子曰 女得人焉爾乎
자 유 위 무 성 재   자 왈   여 득 인 언 이 호

曰 有澹臺滅明者 行不由徑 非公事 未嘗至於偃之室也
왈 유담대멸명자 행불유경 비공사 미상지어언지실야

子游爲武城宰(자유위무성재) 자유가 무성의 읍재가 되었다. 子曰 공자께서 말씀하셨다. "女得人焉爾乎(여득인언이호) 너는 사람을 얻었느냐?" 曰 자유가 대답했다. "有澹臺滅明者(유담대멸명자) 담대멸명이라는 자가 있는데, 行不由徑(행불유경) 길을 다닐 때 지름길로 다니지 않으며, 非公事(비공사) 공적인 일이 아니면 未嘗至於偃之室也(미상지어언지실야) 한 번도 저의 집에 온 적이 없습니다."

******

子游(자유) 오나라 사람. 공자의 제자. 성은 언(言)이고, 이름은 언(偃)이며, 자유는 그의 자다. 안연(顔淵), 자하(子夏)와 함께 공자가 가장 아낀 제자. **武城**(무성) 노나라 남쪽 관문에 해당되는 곳. **澹臺滅明**(담대멸명) 성은 담대, 이름은 멸명이다. **徑**(경) 좁고 빠른 지름길.

■ 쓰기

子游爲武城宰 子曰 女得人焉爾乎
자유가 무성의 읍재가 되었다. 공자께서 말씀하셨다. "너는 사람을 얻었느냐?"

曰 有澹臺滅明者 行不由徑 非公事 未嘗至於偃之室也
자유가 대답했다. "담대멸명이라는 자가 있는데, 길을 다닐 때 지름길로 다니지 않으며, 공적인 일이 아니면 한 번도 저의 집에 온 적이 없습니다."

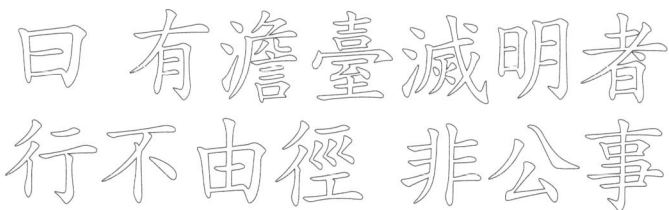

雍也 13

子曰 孟之反不伐 奔而殿 將入門 策其馬 曰
자 왈 맹 지 반 불 벌 분 이 전 장 입 문 책 기 마 왈

非敢後也 馬不進也
비 감 후 야 마 부 진 야

子曰 공자께서 말씀하셨다. "孟之反不伐(맹지반불벌) 맹지반은 공을 자랑하지 않는구나. 奔而殿(분이전) (그는 노나라의 군대가) 퇴각할 때 후미에서 싸웠다. 將入門 策其馬 曰 (장입문 책기마 왈) 도성의 문을 마지막으로 들어오려 할 적에 자신의 말에 채찍질하며 말했다. '非敢後也(비감후야) 내가 용감해서 뒤를 맡은 것이 아니라 馬不進也(마부진야) 말이 형편없어서 나아가질 못한 것이다.'"

****** 孟之反(맹지반) 노나라의 대부. 伐(벌) 공을 자랑하다. 奔(분) 패주하다. 殿(전) 군대의 후미.

쓰기

子曰 孟之反不伐 奔而殿 將入門 策其馬 曰
공자께서 말씀하셨다. "맹지반은 공을 자랑하지 않는구나. 그는 노나라의 군대가 퇴각할 때 후미에서 싸웠다. 도성의 문을 마지막으로 들어오려 할 적에 자신의 말에 채찍질하며 말했다.

非敢後也 馬不進也
'내가 용감해서 뒤를 맡은 것이 아니라 말이 형편없어서 나아가질 못한 것이다.'"

非敢後也 馬不進也

雍也 14

子曰 不有祝鮀之佞 而有宋朝之美 難乎免於今之世矣
자 왈 불 유 축 타 지 녕 이 유 송 조 지 미 난 호 면 어 금 지 세 의

子曰 공자께서 말씀하셨다. "不有祝鮀之佞(불유축타지녕) 축타의 말재주와 而有宋朝之美(이유송조지미) 송조의 미모를 가지고 있지 않으면, 難乎免於今之世矣(난호면어금지세의) 요즈음 세상에서 어려움을 면하기가 어렵구나."

****** 祝(축) 종묘를 관장하는 벼슬. 鮀(타) 위나라의 대부. 말재주가 뛰어났다. 宋朝(송조) 송나라 미모의 공자로 위나라를 뒤흔든 호색마였다. 위령공의 아내인 남자와 놀아났다.

쓰기

子曰 不有祝鮀之佞 而有宋朝之美 難乎免於今之世矣
공자께서 말씀하셨다. "축타의 말재주와 송조의 미모를 가지고 있지 않으면, 요즈음 세상에서 어려움을 면하기가 어렵구나."

子曰 不有祝鮀之佞
而有宋朝之美
難乎免於今之世矣

雍也 15

子曰 誰能出不由戶 何莫由斯道也
자 왈 수 능 출 불 유 호 하 막 유 사 도 야

子曰 공자께서 말씀하셨다. "誰能出不由戶(수능출불유호) 누구든 밖을 나갈 때 문을 경유하지 않을 수 있는가? 何莫由斯道也(하막유사도야) 그런데 어찌 이 도를 거치지 아니하는가?" ****** 戶(호) 한 짝인 문. 두 짝인 문은 문(門)이라 한다. 斯道(사도) 누구나 지켜야 할 올바른 도.

쓰기

子曰 誰能出不由戶 何莫由斯道也
공자께서 말씀하셨다. "누구든 밖을 나갈 때 문을 경유하지 않을 수 있는가? 그런데 어찌 이 도를 거치지 아니 하는가?"

雍也 16

子曰 質勝文則野 文勝質則史 文質彬彬然後君子
자 왈 질 승 문 즉 야 문 승 질 즉 사 문 질 빈 빈 연 후 군 자

子曰 공자께서 말씀하셨다. "質勝文則野(질승문즉야) 질이 문을 이기면 야하고, 文勝質則史(문승질즉사) 문이 질을 이기면 사하다. 文質彬彬然後君子(문질빈빈연후군자) 문과 질이 골고루 섞여 조화를 이룬 연후에나 군자라 일컬을 수 있는 것이다."
****** 質(질) 가공하지 않은 바탕이고 본질. 文(문) 외면을 꾸며 교양 있고 세련되게 치장한 것. 野(야) 촌스러움. 투박. 질박. 史(사) 세련미. 번지르르함. 교양미. 彬彬(빈빈) 조화를 이루다.

쓰기

子曰 質勝文則野 文勝質則史
공자께서 말씀하셨다. "질이 문을 이기면 야하고, 문이 질을 이기면 사하다.

文勝質則史

文質彬彬然後君子
문과 질이 골고루 섞여 조화를 이룬 연후에나 군자라 일컬을 수 있는 것이다."

雍也 17

子曰 人之生也直 罔之生也 幸而免
자 왈 인 지 생 야 직 망 지 생 야 행 이 면

子曰 공자께서 말씀하셨다. "人之生也直(인지생야직) 사람이 태어난 그대로의 모습은 반듯하지만, 罔之生也(망지생야) 그것을 구부려 사는 것은 幸而免(행이면) 요행으로 면하는 삶일 뿐이다."
****** 直(직) 곧다. 반듯하다. 罔(망) 곧지 못한 것. 구부러짐.

쓰기

子曰 人之生也直
공자께서 말씀하셨다. "사람이 태어난 그대로의 모습은 반듯하지만,

罔之生也 幸而免
그것을 구부려 사는 것은 요행으로 면하는 삶일 뿐이다."

雍也 18

子曰 知之者 不如好之者 好之者 不如樂之者
자 왈 지 지 자 불 여 호 지 자 호 지 자 불 여 락 지 자

子曰 공자께서 말씀하셨다. "知之者(지지자) (배움의 길에 있어) 안다는 것은 不如好之者(불여호지자) 좋아하는 것만 같지 못하고, 好之者(호지자) 좋아한다는 것은 不如樂之者(불여락지자) 즐거워하는 것만 같지 못하다."

******

不如(불여) ~만 같지 못하다.

쓰기

子曰 知之者 不如好之者 好之者 不如樂之者
공자께서 말씀하셨다. "(배움의 길에 있어) 안다는 것은 좋아하는 것만 같지 못하고, 좋아한다는 것은 즐거워하는 것만 같지 못하다."

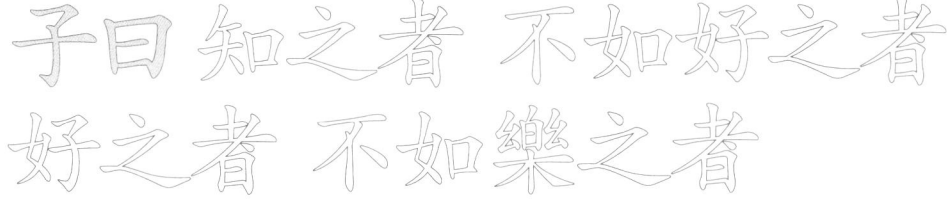

雍也 19

子曰 中人以上 可以語上也 中人以下 不可以語上也
자 왈 중 인 이 상 가 이 어 상 야 중 인 이 하 불 가 이 어 상 야

子曰 공자께서 말씀하셨다. "中人以上(중인이상) (재질이) 중 이상의 사람에게는 可以語上也(가이어상야) 고등한 지식을 가르칠 수 있지만, 中人以下(중인이하) 중 이하의 사람에게는 不可以語上也(불가이어상야) 고등한 지식을 곧바로 가르치면 아니 된다."

쓰기

子曰 中人以上 可以語上也 中人以下 不可以語上也

공자께서 말씀하셨다. "(재질이) 중 이상의 사람에게는 고등한 지식을 가르칠 수 있지만, 중 이하의 사람에게는 고등한 지식을 곧바로 가르치면 아니 된다."

雍也 20

樊遲問知 子曰 務民之義 敬鬼神而遠之 可謂知矣
번 지 문 지 자 왈 무 민 지 의 경 귀 신 이 원 지 가 위 지 의

問仁 曰 仁者先難而後獲 可謂仁矣
문 인 왈 인 자 선 난 이 후 획 가 위 인 의

樊遲問知(번지문지) 번지가 앎에 관하여 여쭈었다. 子曰 공자께서 말씀하셨다. "務民之義(무민지의) 백성의 마땅한 바를 힘쓰고 敬鬼神而遠之(경귀신이원지) 귀신을 공경하되 멀리한다면 可謂知矣(가위지의) 가히 안다고 말할 수 있다."
問仁(번지가 또) 인에 대하여 여쭈었다. 曰 공자께서 말씀하셨다. "仁者先難而後獲(인자선난이후획) 인자는 어려운 일을 먼저 하고 얻는 일을 뒤로 한다. 可謂知矣(가위지의) (그리하면) 가히 인이라고 말할 수 있다."
****** 獲(획) 얻다. 획득하다. 仁者先難而後獲(인자선난이후획) 인자는 어려운 일을 먼저 하고 얻는 일을 뒤로 한다.

쓰기

樊遲問知 子曰 務民之義 敬鬼神而遠之 可謂知矣

번지가 앎에 관하여 여쭈었다. 이에 공자께서 말씀하셨다. "백성의 마땅한 바를 힘쓰고 귀신을 공경하되 멀리한다면 안다고 말할 수 있다."

樊遲問知 子曰 務民之義
敬鬼神而遠之 可謂知矣

問仁 曰 仁者先難而後獲 可謂仁矣
(번지가 또) 인에 대하여 여쭈었다. 공자께서 말씀하셨다. "인자는 어려운 일을 먼저 하고 얻는 일을 뒤로 한다. (그리하면) 가히 인이라고 말할 수 있다."

問仁 曰
仁者先難而後獲 可謂仁矣

雍也 21

子曰 知者樂水 仁者樂山 知者動 仁者靜 知者樂 仁者壽
자 왈 지 자 요 수 인 자 요 산 지 자 동 인 자 정 지 자 락 인 자 수

子曰 공자께서 말씀하셨다. "知者樂水(지자요수) 지자는 물을 좋아하고, 仁者樂山(인자요산) 인자는 산을 좋아한다. 知者動(지자동) 지자는 동적이고, 仁者靜(인자정) 인자는 정적이다. 知者樂(지자락) 지자는 즐길 줄 알고, 仁者壽(인자수) 인자는 수할 줄 안다."
****** 知者樂水 仁者樂山(지자요수 인자요산) 지자는 물을 좋아하고, 인자는 산을 좋아한다.

쓰기

子曰 知者樂水 仁者樂山 知者動 仁者靜 知者樂 仁者壽
공자께서 말씀하셨다. "지자는 물을 좋아하고, 인자는 산을 좋아한다. 지자는 동적이고, 인자는 정적이다. 지자는 즐길 줄 알고, 인자는 수할 줄 안다."

子曰 知者樂水 仁者樂山
知者動 仁者靜
知者樂 仁者壽

雍也 22

子曰 齊一變 至於魯 魯一變 至於道
자 왈 제 일 변 지 어 노 노 일 변 지 어 도

子曰 공자께서 말씀하셨다. "齊一變 至於魯(제일변 지어노) 제나라가 한 번 변하면 노나라에 이를 것이요, 魯一變 至於道(노일변 지어도) 노나라가 한 번 변하면 선왕지도에 이를 텐데."

쓰기

子曰 齊一變 至於魯 魯一變 至於道 공자께서 말씀하셨다. "제나라가 한 번 변하면 노나라에 이를 것이요, 노나라가 한 번 변하기만 한다면 선왕지도에 이를 텐데."

雍也 23

子曰 觚不觚 觚哉 觚哉
자 왈 고 불 고 고 재 고 재

子曰 공자께서 말씀하셨다. "觚不觚(고불고) 모난 술잔이 모가 나지 않았다면, 觚哉 觚哉(고재 고재) 어찌 모난 술잔이라고 할 수 있겠는가? 어찌 모난 술잔이라고 할 수 있겠는가?"

****** 觚(고) 모난 것. 술잔으로 마시는 부분이 모서리가 있는 4각 모양이었으나 후대에 원형으로 바뀌었다.

쓰기

子曰 觚不觚 觚哉 觚哉

공자께서 말씀하셨다. "모난 술잔이 모가 나지 않았다면, 어찌 모난 술잔이라고 할 수 있겠는가? 어찌 모난 술잔이라고 할 수 있겠는가?"

雍也 24

宰我問曰 仁者 雖告之曰 井有仁焉 其從之也
재 아 문 왈 인 자 수 고 지 왈 정 유 인 언   기 종 지 야

子曰 何爲其然也 君子可逝也 不可陷也 可欺也 不可罔也
자 왈 하 위 기 연 야 군 자 가 서 야 불 가 함 야 가 기 야 불 가 망 야

宰我問曰(재아문왈) 재아가 공자께 여쭈었다. "仁者 인한 사람은 雖告之曰 井有仁焉(수고지왈 정유인언) '우물에 사람이 빠졌다!'라고 누군가가 외치는 소리를 들었을 때, 其從之也(기종지야) 곧바로 우물 속으로 들어가야 하지 않을까요?"

子曰 공자께서 말씀하셨다. "何爲其然也(하위기연야) 어찌 그런 일을 하겠는가? 君子可逝也 不可陷也(군자가서야 불가함야) 군자라면 당연히 우물가에 가서 살펴보기는 해야겠지만 같이 우물에 빠질 수는 없다. 可欺也 不可罔也(가기야 불가망야) 사람을 그럴듯한 말로 속일 수는 있겠으나 근본적으로 판단력을 흐리게 할 수는 없는 것이다."

******

從(종) 우물 속으로 따라 들어가 사람을 구하는 것. 逝(서) 가게 하다. 陷(함) 빠지다.

쓰기

宰我問曰 仁者 雖告之曰 井有仁焉 其從之也

재아가 공자께 여쭈었다. "인한 사람은 '우물에 사람이 빠졌다!'라고 누군가가 외치는 소리를 들었을 때, 곧바로 우물 속으로 들어가야 하지 않을까요?"

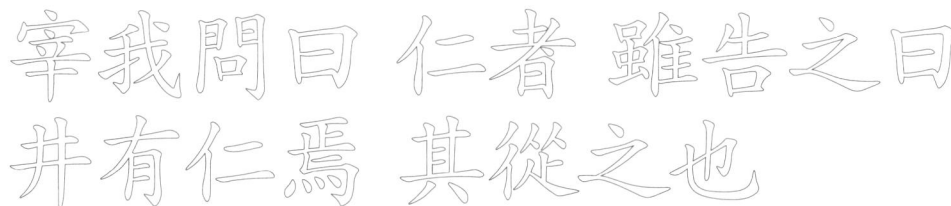

子曰 何爲其然也 君子可逝也 不可陷也 可欺也 不可罔也

공자께서 말씀하셨다. "어찌 그런 일을 하겠는가? 군자라면 당연히 우물가에 가서 살펴보기는 해야겠지만 같이 우물에 빠질 수는 없다. 사람을 그럴 듯한 말로 속일 수는 있겠으나 근본적으로 판단력을 흐리게 할 수는 없는 것이다."

雍也 25

子曰 君子博學於文 約之以禮 亦可以弗畔矣夫
자 왈 군 자 박 학 어 문 약 지 이 례 역 가 이 불 반 의 부

子曰 공자께서 말씀하셨다. "**君子博學於文**(군자박학어문) 군자가 글을 널리 배우고, **約之以禮**(약지이례) 예로써 집약한다면, **亦可以弗畔矣夫**(역가이불반의부) 도에 어긋남이 없을 것이다."

******

博(박) 넓히다. 約(약) 요약하다. 집약하다. 畔(반) 위배되다. 어긋나다.

쓰기

子曰 君子博學於文 約之以禮 亦可以弗畔矣夫
공자께서 말씀하셨다. "군자가 글을 널리 배우고, 예로써 집약한다면, 도에 어긋남이 없을 것이다."

雍也 26

子見南子 子路不說 夫子矢之曰 予所否者 天厭之 天厭之
자 견 남 자 자 로 불 열 부 자 시 지 왈 여 소 부 자 천 염 지 천 염 지

子見南子(자견남자) 공자께서 남자를 만나자 子路不說(자로불열) 자로가 기분나빠했다. 夫子矢之曰(부자시지왈) 부자께서 맹세하며 말씀하셨다. "予所否者(여소부자) 내가 만약 잘못된 행동을 저질렀다면, 天厭之 天厭之(천염지 천염지) 하늘이 싫어할 것이다. 하늘이 싫어할 것이다."

******

南子(남자) 위령공의 부인이며 음탕한 여자로 소문났다. 不說(불열) 속상해하다. 矢(시) 맹서하다.

쓰기

子見南子 子路不說 夫子矢之曰 予所否者 天厭之 天厭之
공자께서 남자를 만나자 자로가 기분나빠했다. 부자께서 맹세하며 말씀하셨다. "내가 만약 잘못된 행동을 저질렀다면 하늘이 싫어할 것이다. 하늘이 싫어할 것이다."

夫子矢之曰
予所否者 天厭之 天厭之

雍也 27

子曰 中庸之爲德也 其至矣乎 民鮮久矣
자 왈 중용지위덕야 기지의호 민선구의

子曰 공자께서 말씀하셨다. "中庸之爲德也 其至矣乎(중용지위덕야 기지의호) 중용의 덕이 지극하구나! 民鮮久矣(민선구의) (중용을 실천하는) 백성이 드문 지가 오래되었다."
****** 庸(용) 늘. 평상. 至(지) 지극하다. 鮮(선) 드물다. 久(구) 오래되다.

쓰기

子曰 中庸之爲德也 其至矣乎 民鮮久矣
공자께서 말씀하셨다. "중용의 덕이 지극하구나! (중용을 실천하는) 백성이 드문 지가 오래되었다."

雍也 28

子貢曰 如有博施於民而能濟衆 何如 可謂仁乎
자공왈 여유박시어민이능제중 하여 가위인호

子曰 何事於仁 必也聖乎 堯舜其猶炳諸
자왈 하사어인 필야성호 요순기유병저

夫仁者 己欲立而立人 己欲達而達人
부 인 자 기 욕 립 이 립 인 기 욕 달 이 달 인

能近取譬 可謂仁之方也已
능 근 취 비 가 위 인 지 방 야 이

子貢曰 자공이 여쭈었다. "如有博施於民而能濟衆 何如(여유박시어민이능제중 하여) 백성들에게 널리 베풀어 많은 사람들을 구제할 수 있는 사람이 있다면 어떻겠습니까? 可謂仁乎(가위인호) 그 사람을 인하다고 말할 수 있겠습니까?"
子曰 공자께서 말씀하셨다. "何事於仁(하사어인) 어찌 인에만 그칠 일이겠는가? 必也聖乎(필야성호) 그 사람이야말로 반드시 성인이라 부를 만하다. 堯舜其猶病諸(요순기유병제) 요임금과 순임금도 이것을 오히려 어렵게 여기셨을 것이다.
夫仁者(부인자) 인한 자는 己欲立而立人(기욕립이립인) 자기가 서고자 하면 남도 서게 하며, 己欲達而達人(기욕달이달인) 자기가 통달하고자 하면 남도 통달하게 해준다.
能近取譬(능근취비) 능히 가까운 데서 깨달을 수 있는 것을 취할 줄 안다면, 可謂仁之方也已(가위인지방야이) 그것은 인을 실천하는 방법이라고 할 수 있을 것이다."
****** 病(병) 부족하다. 어렵다. 譬(비) 깨닫다. 博施濟衆(박시제중) 널리 베풀어 사람들을 구제하다.

■ 쓰기

子貢曰 如有博施於民而能濟衆 何如 可謂仁乎
자공이 여쭈었다. "백성들에게 널리 베풀어 많은 사람들을 구제할 수 있는 사람이 있다면 어떻겠습니까? 그 사람을 인하다고 말할 수 있겠습니까?"

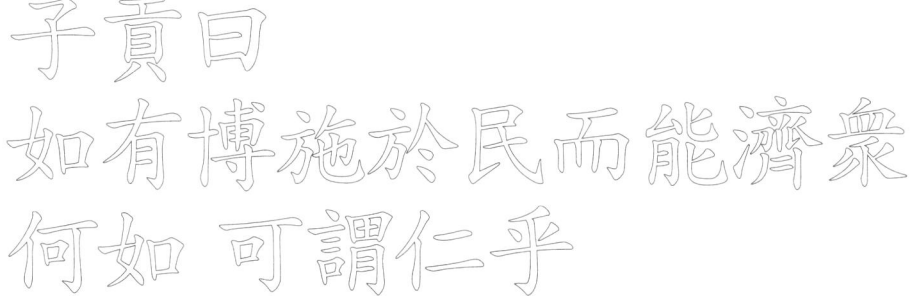

子曰 何事於仁 必也聖乎 堯舜其猶病諸
공자께서 말씀하셨다. "어찌 인에만 그칠 일이겠는가? 그 사람이야말로 반드시 성인이라 부를 만하다. 요임금과 순임금도 이것을 오히려 어렵게 여기셨을 것이다.

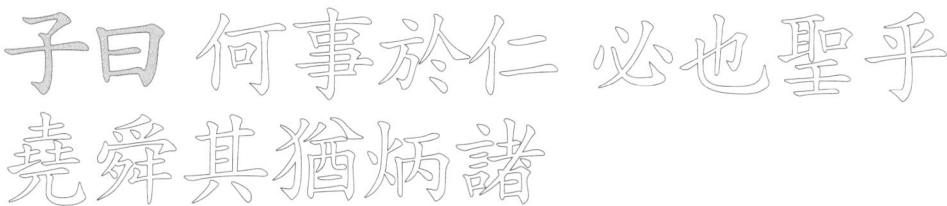

夫仁者 己欲立而立人 己欲達而達人
인한 자는 자기가 서고자 하면 남도 서게 하며, 자기가 통달하고자 하면 남도 통달하게 해준다.

能近取譬 可謂仁之方也已
능히 가까운 데서 깨달을 수 있는 것을 취할 줄 안다면, 그것은 인을 실천하는 방법이라고 할 수 있을 것이다."

예복 채우기

남의 생각은 '선어'이고, 나의 생각은 '활어'이다...

죽은 생선이 아무리 비싸도 '살아 있는' 생선보다 비쌀까...

述而 01

子曰 述而不作 信而好古 竊比於我老彭
자 왈 술 이 부 작 신 이 호 고 절 비 어 아 노 팽

子曰 공자께서 말씀하셨다. "述而不作(술이부작) 전해 내려오는 것을 술하였을 뿐 새로 창작하지는 않았으며, 信而好古(신이호고) 옛것을 신험하고 좋아하였다. 竊比於我老彭(절비어아노팽) 나를 슬며시 노팽에게 견주노라."

****** 述(술) 옛 것을 전하다. 作(작) 새로이 창시하다. 竊比(절비) 상대방을 높인 말. 老彭(노팽) 상나라의 어진 대부. 옛 것을 좋아하고 신험하여 그것을 전술한 사람으로 보았다. 述而不作(술이부작) 전해 내려오는 것을 술하였고 새로 창작하지는 않았다.

쓰기

子曰 述而不作 信而好古 竊比於我老彭

공자께서 말씀하셨다. "전해 내려오는 것을 술하였고 새로 창작하지는 않았으며, 옛것을 신험하고 좋아하였다. 나를 슬며시 노팽에게 견주노라."

述而 02

子曰 默而識之 學而不厭 誨人不倦 何有於我哉
자 왈 묵 이 지 지 학 이 불 염 회 인 불 권 하 유 어 아 재

子曰 공자께서 말씀하셨다. "默而識之(묵이지지) 묵묵히 마음에 새기고, 學而不厭(학이불염) 배움에 싫증내지 않으며, 誨人不倦(회인불권) 사람 가르치기를 게을리

하지 않으니, 何有於我哉(하유어아재) 나에게 무슨 어려움이 있겠는가?"
****** 黙(묵) 묵묵하다. 識(지) 인식하다. 마음에 새기다. 厭(염) 싫증내다. 倦(권) 게으르다.

쓰기

子曰 黙而識之 學而不厭 誨人不倦 何有於我哉

공자께서 말씀하셨다. "묵묵히 마음에 새기고, 배움에 싫증내지 않으며, 사람 가르치기를 게을리 하지 않으니, 나에게 무슨 어려움이 있겠는가?"

述而 03

子曰 德之不修 學之不講 聞義不能徙 不善不能改
자 왈 덕 지 불 수 학 지 불 강 문 의 불 능 사 불 선 불 능 개

是吾憂也
시 오 우 야

子曰 공자께서 말씀하셨다. "德之不修(덕지불수) 덕을 닦지 못하는 것, 學之不講(학지불강) 배운 것을 잘 익히지 못하는 것, 聞義不能徙(문의불능사) 의를 듣고도 실천으로 옮기지 못하는 것, 不善不能改(불선불능개) 선하지 못한 부분을 알고도 고치지 못하는 것, 是吾憂也(이오우야) 이것이 평소 나의 근심거리다."
****** 講(강) 익히다. 徙(사) 실천하다.

쓰기

子曰 德之不修 學之不講
공자께서 말씀하셨다. "덕을 닦지 못하는 것, 배운 것을 잘 익히지 못하는 것,

子曰 德之不修 學之不講

聞義不能徙 不善不能改 是吾憂也
의를 듣고도 실천으로 옮기지 못하는 것, 선하지 못한 부분을 알고도 고치지 못하는 것, 이것이 평소 나의 근심거리다."

聞義不能徙 不善不能改
是吾憂也

述而 04

子之燕居 申申如也 夭夭如也
자 지 연 거 신 신 여 야 요 요 여 야

子之燕居(자지연거) 공자께서 집에 한가로이 계실 때는 申申如也(신신여야) 용모는 느긋하시고, 夭夭如也(요요여야) 얼굴빛은 화색이 돌아 온화하셨다.
****** 燕居(연거) 한가로이 거처하다. 申申(신신) 편안하게 펴진 상태. 느긋하다. 夭夭(요요) 얼굴빛이 온화하다.

쓰기

子之燕居 申申如也 夭夭如也
공자께서 집에 한가로이 계실 때는 용모는 느긋하시고, 얼굴빛은 화색이 돌아 온화하셨다.

子之燕居
申申如也 夭夭如也

述而 05

子曰 甚矣吾衰也 久矣吾不復夢見周公
자 왈 심 의 오 쇠 야 구 의 오 불 부 몽 견 주 공

子曰 공자께서 말씀하셨다. "甚矣吾衰也(심의오쇠야) 심하구나, 나의 노쇠함이여! 久矣吾不復夢見周公(구의오불부몽견주공) 오래되었구나, 꿈속에서 주공을 다시 뵙지 못한 것이!"

****** 甚(심) 심하다. 衰(쇠) 쇠약하다. 노쇠하다. 復(부) 다시.

쓰기

子曰 甚矣吾衰也 久矣吾不復夢見周公
공자께서 말씀하셨다. "심하구나, 나의 노쇠함이여! 오래되었구나, 꿈속에서 주공을 다시 뵙지 못한 것이!"

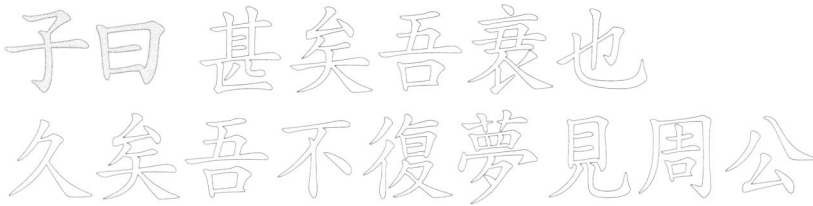

述而 06

子曰 志於道 據於德 依於仁 游於藝
자 왈 지 어 도 거 어 덕 의 어 인 유 어 예

子曰 공자께서 말씀하셨다. "志於道(지어도) 도에 뜻을 두고, 據於德(거어덕) 덕에 근거하며, 依於仁(의어인) 인에 의지하고, 游於藝(유어예) 예 속에서 노닌다."

******
志(지) 마음이 지향하는 것. 道(도) 사람이 마땅히 해야 할 바. 據(거) 굳게 지키다. 德(덕) 도를 행하여 마음에 얻어지는 바. 依(의) 어기지 않다. 仁(인) 사사로운 욕망이 사라져 마음의 덕이 온전한 것. 游(유) 마음을 자유롭게

조절하는 것. **藝**(예) 예악사어서수(禮樂射御書數)의 법.

쓰기

子曰 志於道 據於德 依於仁 游於藝
공자께서 말씀하셨다. "도에 뜻을 두고, 덕에 근거하며, 인에 의지하고, 예 속에서 노닌다."

述而 07

子曰 自行束脩以上 吾未嘗無誨焉
자 왈 자 행 속 수 이 상 오 미 상 무 회 언

子曰 공자께서 말씀하셨다. "**自行束脩以上**(자행속수이상) 말린 고기 한 묶음이라도 가지고 와서 예를 갖추면 **吾未嘗無誨焉**(오미상무회언) 내가 일찍이 가르쳐주지 않은 적이 없었다."

****** **束脩**(속수) 말린 고기 한 묶음. **嘗**(상) 일찍이. **誨**(회) 가르치다.

쓰기

子曰 自行束脩以上 吾未嘗無誨焉
공자께서 말씀하셨다. "말린 고기 한 묶음이라도 가지고 와서 예를 갖추면 내가 일찍이 가르쳐주지 않은 적이 없었다."

述而 08

子曰 不憤不啓 不悱不發 擧一隅不以三隅反 則不復也
자왈 불분불계 불비불발 거일우불이삼우반 즉불부야

子曰 공자께서 말씀하셨다. "不憤不啓(불분불계) 분발치 아니하면 계발해 주지 않으며, 不悱不發(불비불발) 의심으로 애태우지 아니하면 촉발시켜 주지 않으며, 擧一隅不以三隅反(거일우불이삼우반) 한 가지를 들어 말해주었는데 세 가지로 헤아려 반추할 줄 모르면 則不復也(즉불부야) 다시 일러주지 않는다."

******
憤(분) 알려고 끙끙대다. 애태우다. 啓(계) 그 뜻을 열어주다. 悱(비) 애태우다. 發(발) 촉발시키다. 말문을 열어주다.

쓰기

子曰 不憤不啓 不悱不發 擧一隅不以三隅反 則不復也

공자께서 말씀하셨다. "분발치 아니하면 계발해 주지 않으며, 의심으로 애태우지 아니하면 촉발시켜 주지 않으며, 한 가지를 들어 말해주었는데 세 가지로 헤아려 반추할 줄 모르면 다시 일러주지 않는다."

述而 09

子食於有喪者之側 未嘗飽也 子於是日哭則不歌
자 식 어 유 상 자 지 측 미 상 포 야 자 어 시 일 곡 즉 불 가

子食於有喪者之側(자식어유상자지측) 공자께서 상을 치르는 사람의 곁에서 음식을 먹을 때는 未嘗飽也(미상포야) 배불리 먹는 적이 없었다. 子於是日哭則不歌(자어시일곡즉불가) 공자께서는 이 날에 곡을 하시면 그 자리를 뜬 후에도 노래를 부르시는 법이 없었다.

****** 喪者(상자) 초상을 치르는 사람.

쓰기

子食於有喪者之側 未嘗飽也 子於是日哭則不歌

공자께서 상을 치르는 사람의 곁에서 음식을 먹을 때는 일찍이 배불리 먹는 적이 없었다. 공자께서는 이 날에 곡을 하시면 그 자리를 뜬 후에도 노래를 부르시는 법이 없었다.

述而 10

子謂顏淵曰 用之則行 舍之則藏 惟我與爾有是夫
자 위 안 연 왈 용 지 즉 행 사 지 즉 장 유 아 여 이 유 시 부

子路曰 子行三軍 則誰與 子曰 暴虎馮河 死而無悔者
자 로 왈 자 행 삼 군 즉 수 여 자 왈 포 호 빙 하 사 이 무 회 자

吾不與也 必也臨事而懼 好謀而成者也
오 불 여 야 필 야 임 사 이 구 호 모 이 성 자 야

子謂顏淵曰(자위안연왈) 공자께서 안연에게 말씀하셨다. "用之則行(용지즉행) 세상에 등용되면 도를 행하고, 舍之則藏(사지즉장) 세상이 버리면 자신을 감추고 숨는

것을 惟我與爾有是夫(유아여이유시부) 오직 너와 나만이 할 수 있을 것이다."
子路曰 자로가 여쭈었다. "子行三軍 則誰與(자행삼군 즉수여) 선생님께서 삼군을 거느리시고 전장에 나가신다면 누구와 함께 하시겠습니까?"
子曰 공자께서 말씀하셨다. "暴虎馮河(포호빙하) 맨손으로 범을 잡으려 하고 맨몸으로 황하를 건너려 하면서 死而無悔者(사이무회자) 죽어도 후회 없다고 외치는 자와는 吾不與也(오불여야) 내가 함께 하지 않을 것이다. 必也臨事而懼(필야임사이구) 반드시 일에 임해서는 두려워할 줄 알고, 好謀而成者也(호모이성자야) 도모를 잘하여 꼭 성공시키는 자와 함께 할 것이다."

***** 用(용) 등용하다. 舍(사) 버려지다. 藏(장) 은둔하다. 숨다. 暴(포) 맨손으로 치다. 馮(빙) 맨손으로 건너다. 懼(구) 두려워하다.

■ 쓰기

子謂顏淵曰 用之則行 舍之則藏 惟我與爾有是夫
공자께서 안연에게 말씀하셨다. "세상에 등용되면 도를 행하고, 세상이 버리면 자신을 감추고 숨는 것을 오직 너와 나만이 할 수 있을 것이다."

子謂顏淵曰 用之則行
舍之則藏 惟我與爾有是夫

子路曰 子行三軍 則誰與
자로가 여쭈었다. "선생님께서 삼군을 거느리시고 전장에 나가신다면 누구와 함께 하시겠습니까?"

子曰 暴虎馮河 死而無悔者 吾不與也
공자께서 말씀하셨다. "맨손으로 범을 잡으려 하고 맨몸으로 황하를 건너려 하면서 죽어도 후회 없다고 외치는 자와는 내가 함께 하지 않을 것이다.

子曰 暴虎馮河
死而無悔者 吾不與也

必也臨事而懼 好謀而成者也
반드시 일에 임해서는 두려워할 줄 알고, 도모를 잘하여 꼭 성공시키는 자와 함께 할 것이다."

必也臨事而懼
好謀而成者也

述而 11

子曰 富而可求也 雖執鞭之士 吾亦爲之 如不可求 從吾所好
자 왈 부이가구야 수집편지사 오역위지 여불가구 종오소호

子曰 공자께서 말씀하셨다. "富而可求也(부이가구야) 부를 추구해서 얻어질 수 있는 것이라면, 雖執鞭之士(수집편지사) 비록 말채찍을 잡는 자의 일이라도 吾亦爲之(오역위지) 내 기꺼이 마다하지 않고 할 것이다. 如不可求(여불가구) 그러나 만일 구해서 얻어질 수 없는 것이라면, 從吾所好(종오소호) 내가 진정 좋아하는 것을 하겠다."

****** 執鞭(집편) 채찍을 잡다.

쓰기

子曰 富而可求也 雖執鞭之士 吾亦爲之 如不可求 從吾所好
공자께서 말씀하셨다. "부를 추구해서 얻어질 수 있는 것이라면, 비록 말채찍을 잡는 자의 일이라도 내 기꺼이 마다하지 않고 할 것이다. 그러나 만일 구해서 얻어질 수 없는 것이라면, 내가 진정 좋아하는 것을 하겠다."

子曰 富而可求也
雖執鞭之士 吾亦爲之
如不可求 從吾所好

述而 12

子之所愼齋戰疾
자 지 소 신 재 전 질

子之所愼(자지소신) 공자께서 신중히 하신 것은 齋戰疾(재 전 질) 몸가짐과 전쟁과 질병이었다.

****** 齋(재) 齋戒. 제를 지내기 전 몸과 마음을 가지런히 하는 것.

쓰기

子之所愼 齋戰疾
공자께서 신중히 하신 것은 몸가짐과 전쟁과 질병이었다.

述而 13

子在齊聞韶 三月不知肉味 曰 不圖爲樂之至於斯也
자 재 제 문 소 삼 월 부 지 육 미 왈 부 도 위 악 지 지 어 사 야

子在齊聞韶(자재제문소) 공자께서 제나라에 계시면서 순임금의 '소' 음악을 듣고

배우실 적에, 三月不知肉味(삼월부지육미) 3개월 동안 고기 맛을 잊어버릴 정도였다. 曰 그리고 말씀하셨다. "不圖爲樂之至於斯也(부도위악지지어사야) 한 음악이 이러한 경지에 이를 줄은 꿈에도 생각지 못했다."

****** 韶(소) 순임금의 음악. 圖(도) 생각하다.

쓰기

子在齊聞韶 三月不知肉味 曰 不圖爲樂之至於斯也

공자께서 제나라에 계시면서 순임금의 '소' 음악을 듣고 배우는 3개월 동안 고기 맛을 잊어버릴 정도로 열중하였다. 그리고 말씀하셨다. "한 음악이 이러한 경지에 이를 줄은 꿈에도 생각지 못했다."

述而 14

冉有曰 夫子爲衛君乎 子貢曰 諾 吾將問之 入曰
염 유 왈 부 자 위 위 군 호 자 공 왈 낙 오 장 문 지 입 왈

伯夷 叔齊 何人也 曰 古之賢人也 曰 怨乎
백 이 숙 제 하 인 야 왈 고 지 현 인 야 왈 원 호

曰 求仁而得仁 又何怨 出曰 夫子不爲也
왈 구 인 이 득 인 우 하 원 출 왈 부 자 불 위 야

冉有曰 염유가 말했다. "夫子爲衛君乎(부자위위군호) 선생님께서 위나라 군주를 도우실까요?" 子貢曰 자공이 대답했다. "諾 吾將問之(낙 오장문지) 글쎄. 내가 한번 여쭤보겠네." 入曰 (자공은 공자의 방으로) 들어가 선생님께 여쭈었다. "伯夷 叔齊 何人也(백이 숙제 하인야) 백이와 숙제는 어떤 사람입니까?" 曰 공자께서 말씀하셨다. "古之賢人也(고지현인야) 옛날의 현인이시다." 曰 자공이 다시 여쭈었

다. "怨乎(원호) 후회했을까요?"
曰 공자께서 다시 말씀하셨다. "求仁而得仁 又何怨(구인이득인 우하원) 인을 구해서 인을 얻었으니 또 무엇을 후회했겠는가?" 出曰 (자공이 공자의) 방에서 나와 말했다. "夫子不爲也(부자불위야) 선생님께서는 아무도 돕지 않으실 것이네."

****** 爲(위) 돕다. 衛君(위군) 위령공의 손자인 출공(出公) 첩(輒)을 말한다.

쓰기

冉有曰 夫子爲衛君乎 子貢曰 諾 吾將問之 入曰
염유가 말했다. "선생님께서 위나라 군주를 도우실까요?" 자공이 대답했다. "글쎄. 내가 한번 여쭤보겠네." (자공은 공자의 방으로) 들어가 선생님께 여쭈었다.

伯夷 叔齊 何人也 曰 古之賢人也 曰 怨乎
"백이와 숙제는 어떤 사람입니까?" 공자께서 말씀하셨다. "옛날의 현인이시다." 자공이 다시 여쭈었다. "후회했을까요?"

曰 求仁而得仁 又何怨 出曰 夫子不爲也
공자께서 다시 말씀하셨다. "인을 구해서 인을 얻었으니 또 무엇을 후회했겠는가?" (자공이 공자의) 방에서 나와 말했다. "선생님께서는 아무도 돕지 않으실 것이네."

出曰 夫子不爲也

述而 15

子曰 飯疏食飮水 曲肱而枕之 樂亦在其中矣
자왈 반소사음수 곡굉이침지 낙역재기중의

不義而富且貴 於我如浮雲
불의이부차귀 어아여부운

子曰 공자께서 말씀하셨다. "飯疏食飮水 曲肱而枕之(반소사음수 곡굉이침지) 거친 밥을 먹고 물을 마시며 팔을 구부려 베개를 삼더라도 樂亦在其中矣(낙역재기중의) 삶의 즐거움은 그 가운데 있노라. 不義而富且貴(불의이부차귀) 의롭지 않게 부를 얻고 높은 지위를 얻는 것은 於我如浮雲(어아여부운) 나에게는 뜬구름과 같다네."
****** 飯(반) 먹다. 疏食(소사) 거친 밥. 曲肱(곡굉) 팔을 구부리다. 枕(침) 베개. 浮雲(부운) 뜬구름.

쓰기

子曰 飯疏食飮水 曲肱而枕之 樂亦在其中矣
공자께서 말씀하셨다. "거친 밥을 먹고 물을 마시며 팔을 구부려 베개를 삼더라도 삶의 즐거움은 그 가운데 있노라.

子曰 飯疏食飮水
曲肱而枕之 樂亦在其中矣

不義而富且貴 於我如浮雲
의롭지 않게 부를 얻고 높은 지위를 얻는 것은 나에게는 뜬구름과 같다네."

不義而富且貴 於我如浮雲

述而 16

子曰 加我數年 五十以學易 可以無大過矣
자 왈 가 아 수 년 오 십 이 학 역 가 이 무 대 과 의

子曰 공자께서 말씀하셨다. "**加我數年**(가아수년) 하늘이 내게 몇 년의 수명을 더 허락한다면, **五十以學易**(오십이학역) 오십까지 '역'을 배울 것이다. **可以無大過矣**(가이무대과의) 그리하면 나에게 큰 허물이 없을 것이다."

******

五十(오십) 이때 공자의 나이가 칠십에 가까웠다. 그러므로 오십이라는 글자는 오류일 가능성이 높다. 주자는 五十을 졸(卒) 의 오기로 보아 '마침내'로 해석했다. **大過**(대과) 큰 허물.

쓰기

子曰 加我數年 五十以學易 可以無大過矣
공자께서 말씀하셨다. "하늘이 내게 몇 년의 수명을 더 허락한다면, 오십까지 '역'을 배울 것이다. 그리하면 나에게 큰 허물이 없을 것이다."

述而 17

子所雅言 詩 書 執禮 皆雅言也
자 소 아 언 시 서 집 례 개 아 언 야

子所雅言(자소아언) 공자께서 아언으로 말씀하신 바는, **詩 書 執禮**(시 서 집례) 시와 서를 읽으실 때와 의례를 집행하실 때였다. **皆雅言也**(개아언야) 이때 말씀하신 것

은 모두 아언이었다.
****** 雅言(아언) 우아한 말.

쓰기

子所雅言 詩 書 執禮 皆雅言也
공자께서 아언으로 말씀하신 바는, 시와 서를 읽으실 때와 의례를 집행하실 때였다.

이때 말씀하신 것은 모두 아언이었다.

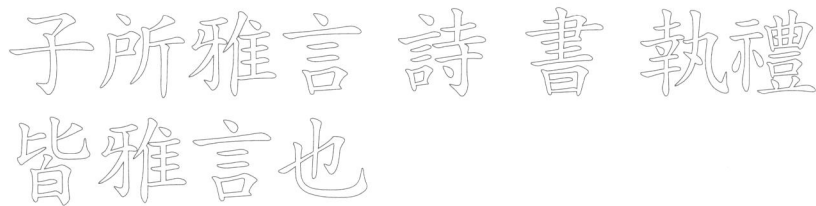

述而 18

葉公問公子於子路 子路不對 子曰 女奚不曰
섭공문공자어자로 자로부대 자왈 여해불왈

其爲人也 發憤忘食 樂以忘憂 不知老之將至云爾
기위인야 발분망식 낙이망우 부지노지장지운이

葉公問公子於子路(섭공문공자어자로) 섭공이 자로에게 공자에 대해 물었는데, 子路不對(자로부대) 자로가 대답하지 못했다.

子曰 공자께서 말씀하셨다. "女奚不曰(여해불왈) 너는 어찌 말하지 않았느냐? '其爲人也(기위인야) 선생님의 사람됨은 發憤忘食(발분망식) 분발하면 먹는 것도 잊고, 樂以忘憂(낙이망우) 즐거움을 느끼면 세상 근심을 모두 다 잊어버립니다. 不知老之將至云爾(부지노지장지운이) 그러기에 늙음이 다가오는 것조차 알아채지 못하는 사람입니다.'라고."
****** 葉公(섭공) 초나라의 대부. 성은 심(沈), 이름은 제량(諸梁). 不曰(불왈) ~라고 말하지 않았는가.

쓰기

葉公問公子於子路 子路不對 子曰 女奚不曰

섭공이 자로에게 공자에 대해 물었는데, 자로가 대답하지 못했다. 공자께서 말씀하셨다. "너는 어찌 말하지 않았느냐?

其爲人也 發憤忘食 樂以忘憂 不知老之將至云爾

'선생님의 사람됨은 분발하면 먹는 것도 잊고, 즐거움을 느끼면 세상 근심을 모두 다 잊어버립니다. 그러기에 늙음이 다가오는 것조차 알아채지 못하는 사람입니다.'라고"

述而 19

子曰 我非生而知之者 好古 敏以求之者也
자 왈 아 비 생 이 지 지 자 호 고 민 이 구 지 자 야

子曰 공자께서 말씀하셨다. "我非生而知之者(아비생이지지자) 나는 태어나면서부터 아는 자가 아니다. 好古(호고) 옛 것을 좋아하고, 敏以求之者也(민이구지자야) 부지런히 구하여 아는 자이다."

******

敏(민) 민첩하다. 부지런하다.

쓰기

子曰 我非生而知之者 好古 敏以求之者也

공자께서 말씀하셨다. "나는 태어나면서부터 아는 자가 아니다. 옛것을 좋아하고, 부지런히 구하여 아는 자이다."

述而 20

子不語怪力亂神
자 불 어 괴 력 난 신

子 공자께서는 不語怪力亂神(불어괴력난신) 괴이한 것, 힘센 것, 어지러운 것, 귀신에 대해서는 말씀하지 않으셨다.

****** 怪(괴) 괴이한 일. 기과함. 力(력) 비상한 힘. 亂(난) 세상을 어지럽히는 일. 神(신) 귀신과 관련된 환상이나 주장.

쓰기

子不語怪力亂神

공자께서는 괴이한 것, 힘센 것, 어지러운 것, 귀신에 대해서는 말씀하지 않으셨다.

述而 21

子曰 三人行 必有我師焉
자 왈 삼 인 행 필 유 아 사 언

擇其善者而從之 其不善者而改之
택 기 선 자 이 종 지   기 불 선 자 이 개 지

子曰 공자께서 말씀하셨다. "三人行 必有我師焉(삼인행 필유아사언) 세 사람이 길을 걸어가도 그 속에 반드시 나의 스승이 있다. 擇其善者而從之(택기선자이종지) 그 가운데 선한 자를 가려서 따르고, 其不善者而改之(기불선자이개지) 불선한 자는 나를 고치는 귀감으로 삼는다." ****** 擇(택) 가리다. 선택하다. 改(개) 고치다.

쓰기

子曰 三人行 必有我師焉
공자께서 말씀하셨다. "세 사람이 길을 걸어가도 그 속에 반드시 나의 스승이 있다.

擇其善者而從之 其不善者而改之
그 가운데 선한 자를 가려서 따르고, 불선한 자는 나를 고치는 귀감으로 삼는다."

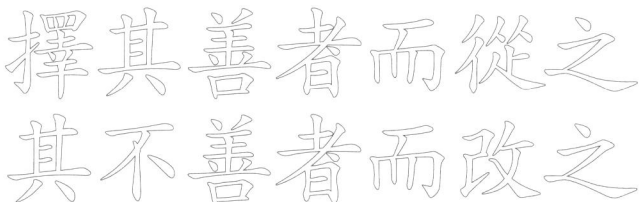

述而 22

子曰 天生德於予 桓魋其如予何
자 왈 천 생 덕 어 여 환 퇴 기 여 여 하

子曰 공자께서 말씀하셨다. "天生德於予(천생덕어여) 하늘이 나에게 덕을 내려주셨으니, 桓魋其如予何(환퇴기여여하) 환퇴가 감히 나를 어찌하겠는가?"

******
桓魋(환퇴) 송나라의 중신. 성은 상(向), 이름이 퇴(魋)이다. 송나라 환공의 후예이기에 '환퇴'라고 부르기도 한다. 향(向)을 성씨로 읽을 때는 '상'으로 발음.

쓰기

子曰 天生德於予 桓魋其與予何
공자께서 말씀하셨다. "하늘이 나에게 덕을 내려주셨으니, 환퇴가 나를 감히 어찌 하겠는가?"

述而 23

子曰 二三者 以我爲隱乎
자 왈 이 삼 자 이 아 위 은 호

吾無隱乎爾 吾無行而不與二三子者 是丘也
오 무 은 호 이 오 무 행 이 불 여 이 삼 자 자 시 구 야

子曰 공자께서 말씀하셨다. "二三者 以我爲隱乎(이삼자 이아위은호) 너희들은 내가 뭘 숨기는 것이 있다고 여기느냐? 吾無隱乎爾(오무은호이) 나는 너희들에게 숨기는 것이 아무것도 없다. 吾無行而不與二三子者(오무행이불여이삼자자) 내가 행하고서 그대들에게 보여주지 않은 것이라곤 아무것도 없다. 是丘也(시구야) 이것이 나 구이다."
****** 二三者(이삼자) 여러분. 너희들. 與(여) 보여주다.

쓰기

子曰 二三者 以我爲隱乎

공자께서 말씀하셨다. "너희들은 내가 뭘 숨기는 것이 있다고 여기느냐?

吾無隱乎爾 吾無行而不與二三子者 是丘也
나는 너희들에게 숨기는 것이 아무것도 없다. 내가 행하고서 그대들에게 보여주지 않은 것이라곤 아무것도 없다. 이것이 나 '구'이다."

述而 24

子以四教 文 行 忠 信
자 이 사 교 문 행 충 신

子以四教(자이사교) 공자께서 항상 네 가지로써 가르치셨으니, **文行忠信**(문 행 충 신) 바로 문과 행과 충과 신이었다.

■ 쓰기

子以四教 文 行 忠 信
공자께서 항상 네 가지로써 가르치셨으니, 바로 문과 행과 충과 신이었다.

述而 25

子曰 聖人 吾不得而見之矣 得見君子者 斯可矣
자왈 성인 오부득이견지의 득견군자자 사가의

子曰 善人 吾不得而見之矣 得見有恒者 斯可矣
자왈 선인 오부득이견지의 득견유항자 사가의

亡而爲有 虛而爲盈 約而爲泰 難乎有恒矣
무이위유 허이위영 약이위태 난호유항의

子曰 공자께서 말씀하셨다. "聖人 吾不得而見之矣(성인 오부득이견지의) 성인을 만날 수 없다면 得見君子者 斯可矣(득견군자자 사가의) 군자라도 만날 수 있으면 좋겠다." 子曰 공자께서 또 말씀하셨다. "善人 吾不得而見之矣(선인 오불득이견지의) 선인을 만날 수 없으면 得見有恒者 斯可矣(득견유항자 사가의) 항심을 지닌 한결같은 사람이라도 만날 수 있다면 좋겠다.
亡而爲有(무이위유) 없으면서도 있는 체하고, 虛而爲盈(허이위영) 텅 비었으면서도 가득 찬 체하고, 約而爲泰(약이위태) 곤궁하면서도 부유한 체한다면 難乎有恒矣(난호유항의) 항심을 지니기 어려울 것이다."

****** 恒者(항자) 변함없는 사람. 盈(영) 가득 차다. 約(약) 곤궁하다. 가난하다. 泰(태) 넉넉하다.

쓰기

子曰 聖人 吾不得而見之矣 得見君子者 斯可矣
공자께서 말씀하셨다. "성인을 만날 수 없다면 군자라도 만날 수 있으면 좋겠다."

子曰 善人 吾不得而見之矣 得見有恒者 斯可矣

공자께서 또 말씀하셨다. "선인을 만날 수 없으면 항심을 지닌 한결같은 사람이라도 만날 수 있다면 좋겠다.

子曰 善人 吾不得而見之矣
得見有恒者 斯可矣

亡而爲有 虛而爲盈 約而爲泰 難乎有恒矣
없으면서도 있는 체하고, 텅 비었으면서도 가득 찬 체하고, 곤궁하면서도 부유한 체한다면 항심을 지니기 어려울 것이다."

述而 26

子釣而不綱 弋不射宿
자 조 이 불 망 익 불 사 숙

子釣而不綱(자조이불망) 공자께서는 낚시질은 하셨지만 그물질은 하지 않으셨으며, **弋不射宿**(익불사숙) 주살질로 새를 잡았지만 잠자는 새를 쏴 잡지는 않으셨다.
****** **釣**(조) 낚시질하다. **綱**(강) 그물질. **弋**(익) 주살질. **射**(사) 쏴 맞추다. '쏘다'라고 할 때는 '사'로, '맞히다'라고 할 때는 '석'이라고 읽는다. **宿**(숙) 잠자는 새.

■ 쓰기

子釣而不綱 弋不射宿
공자께서는 낚시질은 하셨지만 그물질은 하지 않으셨으며, 주살질로 새를 잡았지만 잠자는 새를 쏴 잡지는 않으셨다.

述而 27

子曰 蓋有不知而作之者 我無是也
자 왈 개 유 부 지 이 작 지 자 아 무 시 야

多聞 擇其善者而從之 多見而識之 知之次也
다 문 택 기 선 자 이 종 지 다 견 이 지 지 지 지 차 야

子曰 공자께서 말씀하셨다. "蓋有不知而作之者(개유부지이작지자) 대개 제대로 알지도 못하면서 마구 '작'하는 자들이 있다. 我無是也(아무시야) 나에게는 이러한 삶의 태도가 없다. 多聞 擇其善者而從之(다문 택기선자이종지) 나는 될 수 있는 한 많이 듣고, 그 가운데 좋은 것을 가려서 따른다. 多見而識之(다견이지지) 그리고 될 수 있는 한 많이 보면서 마음에 새겨두는 것이야말로 知之次也(지지차야) 앎의 다음 단계다."

****** 蓋(개) 아마도. 次(차) 다음. 不知而作(부지이작) 그 이치를 알지도 못하고 마구 지어내는 것.

쓰기

子曰 蓋有不知而作之者 我無是也
공자께서 말씀하셨다. "대저 제대로 알지도 못하면서 마구 '작'하는 자들이 있다. 나에게는 이러한 삶의 태도가 없다.

子曰 蓋有不知而作之者
我無是也

多聞 擇其善者而從之 多見而識之 知之次也
나는 될 수 있는 한 많이 듣고, 그 가운데 좋은 것을 가려서 따른다. 그리고 될 수 있는 한 많이 보면서 마음에 새겨두는 것이야말로 앎의 다음 단계다."

多見而識之 知之次也

述而 28

互鄕難與言 童子見 門人惑 子曰 與其進也 不與其退也
호 향 난 여 언 동 자 현 문 인 혹 자 왈 여 기 진 야 불 여 기 퇴 야

唯何甚 人潔己以進 與其潔也 不保其往也
유 하 심 인 결 기 이 진 여 기 결 야 불 보 기 왕 야

互鄕難與言(호향난여언) '호향'의 사람들과는 (거칠고 편협하기에) 더불어 말하기가 어려웠는데, 童子見(동자현) 호향의 젊은이가 뵙기를 청하자 공자께서 기꺼이 만나주자, 門人惑(문인혹) 문인들이 의아해했다.
子曰 공자께서 말씀하셨다. "與其進也(여기진야) 나는 자기발전을 도모하는 자와 함께 한 것이지, 不與其退也(불여기퇴야) 퇴폐적인 자와 함께 한 게 아니다. 唯何甚(유하심) 무엇이 그리 심한가? 人潔己以進(인결기이진) 사람이 자기를 정결히 하고 찾아오면 與其潔也(여기결야) 그 정결함을 허락하는 것이다. 不保其往也(불보기왕야) 어찌 나에게서 떠난 이후를 내가 보장하겠느냐."

******

互鄕(호향) 한 지방의 명칭. 그 마을 사람들이 거칠고 편협하여 제대로 된 말을 하기가 어려웠다. 甚(심) 심하다. 정도에 지나치다. 潔(결) 깨끗이 하다. 往(왕) 지난날의 잘못.

쓰기

互鄕難與言 童子見 門人惑
호향의 사람들과는 (거칠고 편협하기에) 더불어 말하기가 어려웠는데, 호향의 젊은이가 뵙기를 청하자 공자께서 기꺼이 만나주자, 문인들이 의아해했다.

子曰 與其進也 不與其退也
공자께서 말씀하셨다. "나는 자기 발전을 도모하는 자와 함께 한 것이지, 퇴폐적인 자와 함께 한 게 아니다.

子曰 與其進也 不與其退也

唯何甚 人潔己以進 與其潔也 不保其往也
이런 내가 무엇이 그리 심한가? 사람이 자기를 정결히 하고 찾아오면 그 정결함을 허락하는 것이다. 어찌 나에게서 떠난 이후를 내가 보장하겠느냐."

唯何甚 人潔己以進
與其潔也 不保其往也

述而 29

子曰 仁遠乎哉 我欲仁 斯仁至矣
자왈 인원호재 아욕인 사인지의

子曰 공자께서 말씀하셨다. "仁遠乎哉(인원호재) 인이 멀리 있다고? 我欲仁(아욕인) 내가 인을 하고자 원하면 斯仁至矣(사인지의) 곧 인이 이른다."

******
乎哉(호재) 의문종결사. 至(지) 이르다. 도달하다.

쓰기

子曰 仁遠乎哉 我欲仁 斯仁至矣
공자께서 말씀하셨다. "인이 멀리 있다고? 내가 인을 하고자 원하면 곧 인이 이른다."

子曰 仁遠乎哉 我欲仁

斯仁至矣

述而 30

陳司敗問 昭公知禮乎 公子曰 知禮 公子退
진 사 패 문 소 공 지 례 호 공 자 왈 지 례 공 자 퇴

揖巫馬期而進之 曰 吾聞君子不黨 君子亦黨乎
읍 무 마 기 이 진 지 왈 오 문 군 자 부 당 군 자 역 당 호

君取於吳 爲同姓 謂之吳孟子 君而知禮 孰不知禮
군 취 어 오 위 동 성 위 지 오 맹 자 군 이 지 례 숙 부 지 례

巫馬期以告 子曰 丘也幸 苟有過 人必知之
무 마 기 이 고 자 왈 구 야 행 구 유 과 인 필 지 지

陳司敗問(진사패문) 진나라 사패가 여쭈었다. "昭公知禮乎(소공지례호) 소공은 예를 알았습니까?" 公子曰 공자께서 대답하셨다. "知禮(지례) 예를 아셨습니다."

公子退(공자퇴) 공자께서 물러나자 揖巫馬期而進之(읍무마기이진지) 사패가 제자 무마기에게 읍하여 다가오게 하였다. 曰 그리고 말했다. "吾聞君子不黨(오문군자부당) 내가 듣기로는 군자는 편당하지 않는다고 했는데, 君子亦黨乎(군자역당호) 그대의 군자께서는 편당을 하십니까? 君取於吳(군취어오) 소공이 오나라에서 부인을 취했는데, 爲同姓(위동성) 오나라는 노나라와 함께 동성입니다. 謂之吳孟子(위지오맹자) 그 때문에 부인을 오맹자라고 불렀지요. 君而知禮(군이지례) 소공께서 예를 아신다고 한다면 孰不知禮(숙부지례) 세상의 누군들 예를 알지 못하겠습니까?"

巫馬期以告(무마기이고) 무마기가 사패에게서 들은 그대로 공자께 아뢰자 子曰 말씀하셨다. "丘也幸(구야행) 나는 다행이구나. 苟有過 人必知之(구유과 인필지지) 만약 허물이 있으면 사람들이 반드시 아는구나."

******

司敗(사패) 진(陳)나라의 관명으로 형벌을 관장하는 사구(司寇). **昭公(소공)** 노나라의 군주. **巫馬期(무마기)** 공자의 제자. 성은 무마(巫馬), 이름은 시(施), 자는 자기(子旗)이다. **黨(당)** 서로 도와 허물을 덮어주는 무리.

▣ 쓰기

陳司敗問 昭公知禮乎 公子曰 知禮 公子退

진나라 사패가 여쭈었다. "소공은 예를 알았습니까?" 공자께서 대답하셨다. "예를 아셨습니다." 공자께서 물러나자

揖巫馬期而進之 曰 吾聞君子不黨 君子亦黨乎

사패가 제자 무마기에게 읍하여 다가오게 하였다. 그리고 말했다. "내가 듣기로는 군자는 편당하지 않는다고 했는데, 그대의 군자께서는 편당을 하십니까?

君取於吳 爲同姓 謂之吳孟子 君而知禮 孰不知禮

소공이 오나라에서 부인을 취했는데, 오나라는 노나라와 함께 동성입니다. 그 때문에 부인을 오맹자라고 불렀지요. 소공께서 예를 아신다고 한다면 세상의 누군들 예를 알지 못하겠습니까?"

巫馬期以告 子曰 丘也幸 苟有過 人必知之
무마기가 사패에게서 들은 그대로 공자께 아뢰자 말씀하셨다. "나는 다행이구나. 만약 허물이 있으면 사람들이 반드시 아는구나."

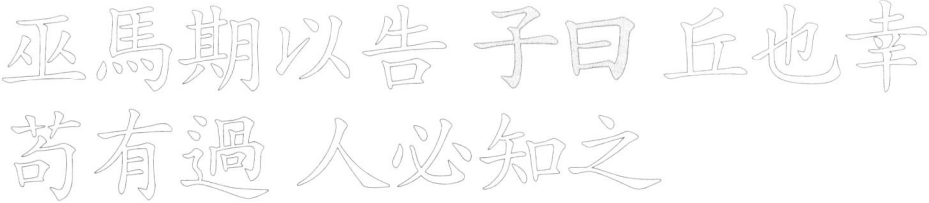

述而 31

子與人歌而善 必使反之 而後和之
자 여 인 가 이 선 필 사 반 지   이 후 화 지

子與人歌而善(자여인가이선) 공자께서는 사람들과 함께 노래를 부를 때 누군가 노래를 잘하면 **必使反之**(필사반지) 반드시 그로 하여금 다시 부르게 하시고 **而後和之**(이후화지) 그런 다음에 그를 따라 불렀다.

******

善(선) 잘하다. **使**(사) ~하게 하다. **反**(반) 반복하다.

쓰기

子與人歌而善 必使反之 而後和之
공자께서는 사람들과 함께 노래를 부를 때 누군가 노래를 잘하면 반드시 그로 하여금 다시 부르게 하시고 그런 다음에 그를 따라 불렀다.

述而 32

子曰 文 莫吾猶人也 躬行君子 則吾未之有得
자 왈 문 막 오 유 인 야 궁 행 군 자 즉 오 미 지 유 득

子曰 공자께서 말씀하셨다. "文 莫吾猶人也(문 막오유인야) 학문은 내가 남보다 못할 것이 없지만, 躬行君子(궁행군자) 군자의 도를 몸소 실천함에 있어서는 則吾未之有得(즉오미지유득) 나는 아직도 한참 미흡하다."

******
莫(막) 의문사. 躬(궁) 몸소. 未之有得(미지유득) 온전하게 얻지 못하는 바가 있다.

쓰기

子曰 文 莫吾猶人也 躬行君子 則吾未之有得
공자께서 말씀하셨다. "문은 내가 남보다 못할 것이 없지만, 군자의 도를 몸소 실천함에 있어서는 나는 아직도 한참 미흡하다."

述而 33

子曰 若聖與仁 則吾豈敢
자 왈 약 성 여 인 즉 오 기 감

抑爲之不厭 誨人不倦 則可謂云爾已矣
억 위 지 불 염 회 인 불 권 즉 가 위 운 이 이 의

公西華曰 正唯弟子不能學也
공 서 화 왈 정 유 제 자 불 능 학 야

子曰 공자께서 말씀하셨다. "若聖與仁(약성여인) 성과 인에 관해서 則吾豈敢(즉오기감) 내가 어찌 감히 자처하겠는가? 抑爲之不厭(억위지불염) 하지만 도를 실천하기를 싫어하지 않으며, 誨人不倦(회인불권) 남 가르치기를 게을리 하지 않는 것은 則可謂云爾已矣(즉가위운이이의) 자신 있다 말할 수 있다."
公西華曰 공서화가 말했다. "正唯弟子不能學也(정유제자불능학야) 바로 그 점이 저희 제자들이 따라가지 못하는 것입니다."

******

厭(염) 싫어하다. 倦(권) 게으르다. 爾已矣(이이의) ~할 따름이다.

쓰기

子曰 若聖與仁 則吾豈敢
공자께서 말씀하셨다. "성과 인에 관해서 내가 어찌 감히 자처하겠는가?

抑爲之不厭 誨人不倦 則可謂云爾已矣
하지만 도를 실천하기를 싫어하지 않으며, 남 가르치기를 게을리 하지 않는 것은 자신 있다 말할 수 있을 따름이다."

公西華曰 正唯弟子不能學也
공서화가 말했다. "바로 그 점이 저희 제자들이 따라가지 못하는 것입니다."

述而 34

子疾病 子路請禱 子曰 有諸
자 질 병 자 로 청 도 자 왈 유 저

子路對曰 有之 誄曰 禱爾于上下神祇 子曰 丘之禱久矣
자 로 대 왈 유 지 뢰 왈 도 이 우 상 하 신 기 자 왈 구 지 도 구 의

子疾病(자질병) 공자께서 병이 깊어지자 子路請禱(자로청도) 자로가 신께 기도할 것을 청했다. 子曰 공자께서 말씀하셨다. "有諸(유저) (아프다고 신께 비는) 그러한 일도 있느냐?"
子路對曰 자로가 대답하여 말했다. "有之(유지) 있습니다. 誄曰(뢰왈) 뢰에 말하기를 '禱爾于上下神祇(도이우상하신기) 너를 위해 하늘과 땅의 신에게 기도하노라.'라고 기록되어 있습니다." 子曰 공자께서 말씀하셨다. "丘之禱久矣(구지도구의) 나는 이미 신께 기도하며 살아온 지 오래되었느니라."
****** 疾病(질병) 병이 깊다. 禱(도) 기도하다. 有諸(유저) 有之乎의 줄임말. 그런 일이 있는가? 誄(뢰) 죽은 이를 애도하며 그의 행적을 기술해놓은 글. 神祇(신기) 하늘의 신을 神이라고 하고 땅의 신을 祇라 한다.

쓰기

子疾病 子路請禱 子曰 有諸
공자께서 병이 깊어지자 자로가 신께 기도할 것을 청했다. 공자께서 말씀하셨다. "(아프다고 신께 비는) 그러한 일도 있느냐?"

子路對曰 有之 誄曰 禱爾于上下神祇 子曰 丘之禱久矣
자로가 대답했다. "있습니다. 뢰에 말하기를 '너를 위해 하늘과 땅의 신에게 기도했다.'라고 기록되어 있습니다." 공자께서 말씀하셨다. "나는 이미 신께 기도하며 살아온 지 오래되었느니라."

禱爾于上下神祇
子曰 丘之禱久矣

述而 35

子曰 奢則不孫 儉則固 與其不孫也 寧固
자왈 사즉불손 검즉고 여기불손야 녕고

子曰 공자께서 말씀하셨다. "奢則不孫(사즉불손) 지나치게 사치하면 불손케 되고, 儉則固(검즉고) 지나치게 검소하면 고루해진다. 與其不孫也 寧固(여기불손야 녕고) 그래도 불손하기보다는 차라리 고루한 것이 낫다."
****** 孫(손) 공순(恭順)하다. 固(고) 고루하다. 與其~ 寧…(여기~ 녕…) ~ 보다는 차라리…

쓰기

子曰 奢則不孫 儉則固 與其不孫也 寧固
공자께서 말씀하셨다. "지나치게 사치하면 불손케 되고, 지나치게 검소하면 고루해진다. 그래도 불손하기보다는 차라리 고루한 것이 낫다."

述而 36

子曰 君子坦蕩蕩 小人長戚戚
자왈 군자탄탕탕 소인장척척

子曰 공자께서 말씀하셨다. "君子坦蕩蕩(군자탄탕탕) 군자는 마음이 틔여 넓고 여유롭지만, 小人長戚戚(소인장척척) 소인은 마음이 좁아 늘상 근심과 두려움에 걱정한다."

****** 坦(탄) 평탄하다. 蕩蕩(탕탕) 너그럽고 넓은 모양. 長(장) 늘상. 戚戚(척척) 두려움이 많은 모습.

쓰기

子曰 君子坦蕩蕩 小人長戚戚
공자께서 말씀하셨다. "군자는 마음이 틔여 넓고 여유롭지만, 소인은 마음이 좁아 늘상 근심과 두려움에 걱정한다."

子曰
君子坦蕩蕩 小人長戚戚

子溫而厲 威而不猛 恭而安
자 온 이 려 위 이 불 맹 공 이 안

子溫而厲(자온이려) 공자께서는 온화하면서도 엄격하셨고, 威而不猛(위이불맹) 위엄이 있으면서도 사납지 않으셨고, 恭而安(공이안) 공손하면서도 편안하셨다.

****** 厲(려) 엄숙하다. 엄격하다. 猛(맹) 사납다.

쓰기

子溫而厲 威而不猛 恭而安
공자께서는 온화하면서도 엄격하셨고, 위엄이 있으면서도 사납지 않으셨고, 공손하면서도 편안하셨다.